整体养育

王劲松 / 编著

吉林文史出版社
JILIN WENSHI CHUBANSHE

图书在版编目（CIP）数据

整体养育 / 王劲松编著 . -- 长春 : 吉林文史出版社，2023.5

ISBN 978-7-5472-9171-9

Ⅰ . ①整… Ⅱ . ①王… Ⅲ . ①儿童教育－家庭教育 Ⅳ . ① G782

中国版本图书馆 CIP 数据核字 (2022) 第 196818 号

整体养育

ZHENGTI YANGYU

编　　著	王劲松
出 版 人	张　强
责任编辑	张涣钰
封面设计	郑金霞
出版发行	吉林文史出版社
地　　址	长春市净月区福祉大路 5788 号出版大厦
印　　刷	天津海德伟业印务有限公司
开　　本	640mm×910mm　　1/16
印　　张	12
字　　数	123 千
版　　次	2023 年 5 月第 1 版
印　　次	2023 年 5 月第 1 次印刷
书　　号	ISBN 978-7-5472-9171-9
定　　价	69.00 元

说到教育孩子，"起跑线"是永远绕不过去的一个词语。

什么才是孩子的起跑线呢？是最好的幼儿园、小学、中学、大学？还是家财万贯，出门就乘坐豪华跑车呢？都不是。在最好的学校里，依旧有学渣的存在；家里再有钱，也抵不过败家子的不争气。

如果说人生真的有起跑线，那这条起跑线就是父母的养育意识。

所谓的养育意识，就是指父母对子女教育的态度和对教育的见解，是父母的自我成长意识和与子女之间的关系。

记得当初在看韩剧《请回答 1988》时，有一个场景令我印象深刻。

女主德善家，父母生了三个孩子，德善上面有一个姐姐，下面有一个弟弟，夹在中间的德善从小便学会了听姐姐的话，同时让着弟弟。也因为德善的懂事，父母将尊重给了老大，将关爱给了老三，到了德善这里，就只剩下了忽视。

因为和姐姐的生日就差两天，所以每次过生日，父母都让德善和姐姐一起过，姐姐吹完蜡烛后，拔掉两根，再唱一遍生日歌给德善。父母以为德善接受了这样的方式，就代表她喜欢这样过生日，但是德善十分想要一个只属于自己的生日。

当父母一次次忽略掉德善的请求时，她很伤心，她觉得父母偏心，不是很爱自己。父亲在发现德善这个念头后，特地在下班后等在巷子口，捧着一个完整的蛋糕，等到德善路过时，给德善过了一个单独的生日。

面对德善微红的眼眶，父亲说："爸爸我也不是一生下来就是爸爸，爸爸也是第一次当爸爸。所以，我女儿稍微体谅一下。"

我十分佩服德善的爸爸，他能够在养育子女的过程中看到自己的问题，并且及时道歉和改正。德善或许经历了很多不公平的对待，但是她终究是幸运的，因为她的父母愿意去调整自己的养育方式。

我们都是第一次为人父母，必须了解到儿童发展的多样性。这种多样性注定了我们不可能用单一的方法来解决育儿中的所有问题，更不可能用同样的办法去对待不同的孩子。这意味着，我们在养育孩子的过程中，不要一看到别人家的孩子优秀、省心，就想要套用人家父母的养育方法，而是要用心去了解自己孩子的长处和短处。

我们要学着把孩子的发展放到时间的长轴里去考虑。这时我们会发现，很多事情在经过几个月或者几年的沉淀后，就会产生惊人的变化。但如果父母只盯着孩子发展的某一个点，并将这个点无限放大，最终就会产生雪崩式的焦虑。

就如同一棵小树苗，如果我们只关注它每天长了多高，那么可能会感到十分失望；但如果我们隔上一年半载再来看，就会看到小树苗惊人的成长；几年之后再来看，小树苗已经洒下一片树荫，可以供人们休闲纳凉了。

养育子女不是着急的事情，需要我们慢慢来。有的孩子发展快，有的孩子发展慢，他们感兴趣的领域更是千差万别。我们需要做的是看到孩子的内心世界和内心渴望，尽可能看清孩子发展的整体方向，从大方向上把控孩子的成长，从整体上对孩子进行养育。

也许我们无法为孩子选择最好的城市、最好的学校，也无法为孩子选择最好的老师，但是也不要焦虑，因为孩子未来还有一半的决定权在我们手上，只要教育方法得当，我们就能成为孩子最好的起跑线。

在信息大爆炸时代，碎片化阅读越来越流行，虽然可以让父母们从中获得一些育儿知识，但是不成系统的知识，更容易让父母陷入教育误区中，造成"一叶蔽之，不见全貌"的困惑。本书对子女养育和教育进行了一个系统化、整体性的思考和探索，理论具有专业性，方法具有实操性，一定会让父母们受益匪浅。

目 录

CONTENTS

第一章　深度思考：养育孩子的目的究竟是什么？ / 002

三大思维，客观看待孩子的发展 / 005

整体养育的 4 个重要原则 / 009

有效亲子关系建立的 5 个关键要素 / 014

孩子不同成长阶段的教养法则 / 018

第二章　五大无效养育误区，你中了几条？ / 023

放纵溺爱，阻碍孩子的健康发展 / 024

心灵施暴，扼杀独立人格的树立 / 027

物质刺激，变相拜金主义的诱导 / 031

动辄体罚，是最没用的教育方式 / 034

精神忽视，让孩子成为家长最熟悉的陌生人 / 037

第三章　建立规则：让孩子对自己负责 / 041

规则是自由的保障，而非自由的枷锁 / 042

建立规则，究竟是在建立什么？ / 045

建立规则意识的 4 个实用方法 / 048

孩子不守规则时，恰恰是建立规则的最佳时期 / 058

规则不是人云亦云，要符合自身特质 / 062

第四章　培养习惯：帮孩子掌控生活 / 065

一个好习惯比一百种智慧更有力量 / 066

父母最应该帮助孩子养成的 6 个好习惯 / 069

培养孩子好习惯的 3 个原则 / 081

帮助孩子养成好习惯的 4 个有效方法 / 085

第五章　管理情绪：让孩子远离失控 / 091

情绪没有好坏之分 / 092

4 种基本情绪及其发展过程 / 096

读懂孩子情绪背后的真实需求 / 101

接纳孩子的情绪，是改变的开始 / 106

帮助孩子管理情绪的 3 个有效方法 / 111

第六章　塑造能力：打造孩子的核心优势 / 118

　　创造力与想象力：点亮孩子的智慧源泉 / 119

　　自控能力：自律是未来最核心的竞争力之一 / 125

　　复原能力：赠与孩子面对挫折的铠甲 / 131

　　思考能力：带着问题看世界 / 136

　　社交能力：让孩子融入社会，才能被社会所接纳 / 142

　　合作能力：有分享才有合作，有合作也要有竞争 / 148

　　观察能力：生活很潦草，要有发现美的眼睛 / 153

　　好奇心：是孩子不断学习与探索的原动力 / 158

第七章　断乳放行：把孩子的世界交还孩子 / 163

　　太拥挤的爱，反而会让孩子选择逃离 / 164

　　培养边界意识是中国式父母一生的修行 / 167

　　避免关系倒错，父母和孩子回到正确的位置 / 171

　　允许孩子自由而有分寸地探索世界 / 175

　　孩子不是父母梦想的延续，而是宝贵的自己 / 179

第一章

苦练内功，掌握家庭养育之"道"

　　亲子教育学者李玫瑾指出："在孩子的问题上，不养的话就没有育的资格。"养孩子要认真地养，有目的地养，养出孩子的好情感，养出他的人性，养出他的生活，这不仅是对孩子负责，也是对自己晚年的投资。

深度思考：养育孩子的目的究竟是什么？

如果问家长们，培养孩子的最终目的是什么呢？

佛系一些的父母会这样回答："让孩子成为一个健康快乐的人。"

责任心强的父母会这样回答："让孩子成为一个有用的人。"

功利心强的父母会这样回答："让孩子成为一个成功的人。"

那么，是不是孩子只要健康快乐就真的能够一生顺遂呢？或者，一个有用的人就一定能够生活幸福吗？再或者，一个成功的人，他的人生就真的是他想要的那般吗？

曾经在工作中接触到一位母亲，她对我谈起养育孩子过程中做过的最后悔的事情，那就是她曾经只信奉快乐教育，以为只要孩子开心快乐就行，其他一切都不重要，所以只要是孩子抵触的事情，她都会顺从孩子的意愿。

送孩子去学小提琴，孩子学了两天，觉得学小提琴太难了，便不愿意学了。她觉得不学就不学吧，毕竟这个世界上不是人人都必须会一样乐器，于是几千块钱的琴就放在家里落灰了。孩子学习成绩一般，给孩子找了家教老师，但是孩子每次做题都因为觉得难而哭哭唧唧，为了减轻孩子的心理负担，不让孩子成为学习的奴隶，她便辞退了家教老师。

但结果却是，孩子越大越不快乐，因为与同龄人相处时，样样都拿不出手，处处被人"压一头"，孩子无形中就产生了深深的自卑感，并且开始对什么事都不在意，做什么事也不愿意坚持下去。

后来这位母亲才发觉，真正的快乐教育，不是对孩子毫不约束，对学习不做要求，而是以孩子能够接受的方式，让孩子在快乐的氛围中学习，并逐渐爱上学习，主动学习。事实上，相比较傻玩的低级快乐，孩子更想体验的是在付出努力、克服困难、战胜自我后，得来的高级快乐。

但是孩子的成长只有一次，父母的养育方式一旦产生偏差，想要再改正过来会是一件十分艰难的事情。

还有一个母亲，是我在出差的途中结识的。她在育儿的过程中也曾有过同样的困扰，只是她与上面这位母亲恰恰相反，这位母亲认为孩子的成长本身就是痛苦的过程，所谓的快乐也是要经历了痛苦才能够得到。所以从孩子很小的时候，她就给孩子报了各种兴趣班，孩子上学以后，又给孩子报了各种补习班。可以说，从上幼儿园起，孩子就是"尖子生"，文艺、学习样样都拿得出手。

这位母亲为自己培养出这样优秀的孩子而骄傲，但是孩子长大后却对她说，他的童年就像一场噩梦，他从来没有体会过童年的快乐。而孩子最羡慕的人，竟然是隔壁邻居家成绩次次倒数的孩子。因为每天他在家里练琴、做练习的时候，那个孩子都可以在院子里快乐地踢球。还有，每次那个孩子考试进步了一点点，他妈妈夸他的声音整栋楼都听得见，而自己哪怕只退步了一点点，也会被批评和罚站。

虽然这位母亲的孩子现在很优秀，但是这个孩子表示，以后决不让他的孩子重复自己的童年。父母曾经以为自己的养育是成功的，事实上却是失败的，因为孩子为此失去了太多快乐。

孩子的一生是动态着向前发展的，身为父母，我们不但要考虑孩子的现在，还要考虑孩子的将来，不但要注重孩子的身体健康，还要关注孩子的心理成长。在关注孩子个人发展的时候，也要关注整个环境对孩子成长的影响。只有考虑到各方面的平衡，才不会在育儿的道路上留下不可挽回的遗憾。

说到底，我们培养孩子不能单纯只追求一个方面，也不能只在乎孩子某一段时间的表现和成长。我们培养孩子的最终目的，是促成孩子的成长与发展，让孩子成为一个优秀的独立的个人，并为孩子以后踏入社会做好准备。

三大思维，客观看待孩子的发展

如果仅仅把身体的发育当作是孩子的成长，那就太过于片面了。孩子的发展，涉及三个维度的发展，分别是变化思维、平衡思维和整体思维。这三个思维围绕着孩子这一个独特的个体而互相作用，彼此交织，缺一不可。

变化思维

地球没有一刻停止转动，世界也没有一刻不在发生着改变。孩子从受精卵的那一刻开始，就处在不断变化当中。首先孩子的身体状况会产生改变，随着年龄的增长，孩子的身高、体重、大脑、细胞等每一年都会发生变化；其次还有孩子的智力也在不断变化，包括孩子的注意力、记忆力、想象力以及语言能力等方面，每隔一段时间，孩子都能给我们一些惊喜；最后是孩子的社会性与情感，如：认识自我与他人、人际关系技能、情感的交流、友谊、道德和社会行为等方面，也会随着年龄和认知的变化，而不断地向前发展。

因此，父母在养育孩子的过程中，必备的第一种思维就是变化思维，即不能用一成不变的眼光去看待和对待孩子。也许孩子到了两岁仍旧不会说话，但是也许到了五岁就能熟练地背诵顺口溜。我们在孩子身上所看到的缺点，随着他们心智不断地成熟，认知能力不断地发展，潜能不断地被开发，伴随着父母正确的引导，说不准到了明天就会变成孩子的优点。

为人父母不但要用发展的思维看待孩子，而且自身也要拥有发展思维，不要让自己停留在原地。记住，只有努力地与时俱进，才能跟得上孩子的发展，才能逐渐缩短与孩子之间日益变大的差距。

平衡思维

有的父母看到孩子在某个阶段出现了某些不良行为时，就会感到十分焦虑，同时也会将这份焦虑"传染"给孩子，给孩子的成长带来巨大的压力。

其实，这也仅仅是一个阶段的表现而已，孩子未来仍旧充满着无尽的可能性。因为孩子的发展既受先天因素的影响，又受后天因素的影响。我们关注孩子的发展，不能只看眼前，还要考虑以后，要平衡地看待孩子的发展。

　　比如：父母要求孩子保持高度的注意力，但是这个要求对于幼儿来说就十分困难，因为幼儿的注意力只能保持十几分钟；但要是对于少年来说，就要简单得多，因为少年的注意力已经能够达到半个小时以上了。

如果我们总是说孩子的注意力不集中，那就会在他心里留下相对应的心理暗示，极有可能影响他今后注意力的养成。

有的时候，孩子的发展是有连续性的，属于量的变化；而有些时候，孩子的发展是非连续性的，是质的变化。父母只有平衡起来去看待这些问题，才能够坦然地面对孩子的变化，而不至于过度焦虑。

整体思维

孩子的发展历程，就像是一棵树在成长，父母想要树越长越茂盛，就要关注整棵树，而不是拼尽全力去修剪一根枝丫。在横向的时间跨度里，对孩子进行整体养育，是为人父母必备的思维方式。

整体地看待孩子的发展过程，有利于父母形成一个更稳定的养育心态，不仅如此，它还能促使父母更灵活地运用各种育儿技巧，而不是只追求育儿过程中那些表面的形式。当父母不再纠结于一些细枝末节的问题，而是纵观孩子生长发育的整体规律时，他们就会发现所有的问题都有了源头，有了一个整体的大方向，处理问题时就会更加从容了。

整体养育的4个重要原则

孩子各方面的发展是动态的、不可分割的，父母在养育子女的过程中，只有做到抓大放小、改变视觉、权衡利弊和因材施教才能做到整体养育。

抓大放小

在孩子成长的过程中，总会遇到一些大大小小的问题，很多父母在面对这些问题时，犯了"丢了西瓜捡芝麻"的错误，就是在一些细枝末节的问题上揪住不放，却忽略了更大更严重的问题。

那什么是细枝末节的问题？什么是大问题呢？

我在公园里碰到过一个妈妈带着两个孩子在玩耍，姐姐大约七八岁的样子，妹妹大约三岁。姐妹俩正在玩儿滑梯，不知因为什么，两个人争吵了起来。妹妹说不过姐姐，便哭了起来。妈妈连忙问怎么回事，妹妹就说姐姐欺负她了，姐姐连忙解释她并没有欺负妹妹。

看着妹妹不依不饶，妈妈选择相信妹妹，然后对着姐姐一顿批评，并要求姐姐给妹妹道歉，否则就不要继续玩儿。姐姐不愿意道歉，跟妈妈僵持了很久，最终选择了妥协，带着哭腔给妹妹道了歉以后，便躲到一边哭去了。

妈妈可能觉得"以大欺小"不是好现象，需要好好管教一下姐姐，却忽略了更加重要的问题：姐妹之间的矛盾不是一句"对不起"就能解决的，她们需要的是学会如何自己解决矛盾，而不是利用父母去压制矛盾。换句话说，就是给妹妹道歉是"小"，如何教会两个孩子友好相处才是"大"。

当我们发现孩子身上出现一些问题时，不要急于批评孩子，不妨先往后退一步，并试着从更广阔的角度去看待这个问题。事实上，把握住发展过程中的大方向，远比抓住一些小细节、小问题更重要。

改变视觉

在父母课堂上，我经常遇到认为自己孩子有问题，然后找我寻求解决问题方法的父母。比如："孩子特别爱玩手机，该怎么办？"或者"孩子不爱看书，怎么办？"

总之在这种类型的家长眼中，孩子身上有很多问题，他们总是在寻找补救这些问题的方法。其实孩子身上存在这些问题，大概率都是"历史遗留"的教育问题，即在孩子小的时候没能给孩子及时正确的引导，当问题严重了，才想着怎样去补救。但问题产生了就是产生了，父母纠结在其中，实则是陷入一个误区，那就是家长的视线都聚焦在孩子的"问题"上，却没有从自身的角度去想一想：孩子出现问题的根源在哪里？

实际上，孩子身上的所有问题，都能够从父母身上找到答案，因为孩子的成长脱离不开家庭的环境制约。瑞士心理学家荣格说："原生家庭对家里子女的影响越深刻，子女长大之后就越倾向于按照幼年时小小的世界观来观察和感受成年人的大世界。"所以，我国才会有"龙生龙，凤生凤，老鼠的孩子会打洞"这样的谚语流传，这从很大程度上体现了父母对孩子的影响深远。

在养育孩子的道路上，父母不要总是将目光集中在孩子身上的问题上，当孩子出现了问题，首先要在自己身上找原因。只要父母能够改变自己，多理解孩子，多从孩子的角度出发去具体帮助他们，这样的状况才能改变，孩子的状态也才能随之改变。

权衡利弊

"权衡利弊"指的是在得到和失去之间，比较哪一个有利，哪一个有害。

这个词通常被用在利害关系比较突出的事件上，很少有人将这个词与"育儿"联系起来，导致很多父母忽略了这一点，而育儿中很多时候需要父母做到"权衡利弊"。

举个常见的例子：

父母在对待孩子挑食这件事情上，似乎都有个执念，那就是孩子越是不爱吃的东西，就越要让孩子尝试着去接触，认为这样才能营养均衡。所以，虽然孩子明确表示自己不喜欢吃西红柿，但是父母却依旧乐此不疲地用西红柿搭配各种食材。结果，孩子不但没有吃西红柿，就连跟西红柿炒在一起的其他食材也连带拒绝了。

相比较之下，这不就是一件得不偿失的事情吗？孩子原本只是讨厌西红柿，父母只要不给他吃西红柿，孩子还是很愿意接触其他食物的，结果因为一个西红柿，导致更多的营养得不到获取。

很多父母把养育这件事想得过于完美，认为自己可以做一百分的父母，能够将每件事情都做到完美、分毫不差。但是这个世界上并不存在完美的事情，也不存在完美的人，更不存在完美的父母。

所以，父母要学着放过自己，不要事事要求完美，只要能够在看到孩子的发展全景的基础上，多去思考和权衡，做出利大于弊的选择就可以了。就像画画的时候，我们通常会十分严谨地考虑一个整体的布局和效果，而至于哪一笔画好了、哪一笔没有画好，没有必要太纠结。

因材施教

因材施教是儒家"教学论"中的一个著名原则，这个原则意在告诉父母在养育孩子时，要了解孩子的个体差异，然后根据孩子自身的特点进行养育。

每个孩子的各方面发展都是不平衡的，各有其优势和弱势，有的孩子可能擅长音律，有的孩子可能擅长运动，还有的孩子可能擅长写作。因此，孩子是否优秀根本没有统一的标准，或许孩子在某个方面有短板，但是在另外一方面，我们却能发现他们身上独特的"闪光点"。

现实中，我经常看到有家长去逼一个不擅长音律的孩子学习声乐，结果孩子痛苦，父母也痛苦。但如果父母支持一个喜欢画画的孩子钻研美术，那么通常就是"双赢"的局面。在养育孩子的过程中，最忌讳的就是父母套用发生在其他人身上的"成功模式"来养育自己的子女。每一个孩子都是原创的版本，各不相同，各有所长，为什么非要让他们成为别人的"翻版"呢？

孩子之间天生就有差别，能力不同，性格不同，爱好特长也不同，他们分别有自己擅长的领域。如果我们希望孩子变得更好，就要静下心来，多观察自己孩子身上的优点，然后用"放大镜"将其变大，将孩子培养成为一个独一无二的人。

有效亲子关系建立的5个关键要素

不管是成人还是孩子，都更愿意与关系好的人交流和相处，父母与孩子之间想要关系融洽，那就必须建立良好的亲子关系。针对怎么建立良好的亲子关系问题，这里有 5 个关键要素。

安全感

所谓安全感，就是孩子渴望稳定、安全的心理需求，属于孩子的内在精神需求。

孩子安全感的建立，首先要从生活中的生理安全开始。保证孩子的人身安全，是让孩子拥有安全感的最基本的条件。那些将孩子独自放在家里，或者直接让孩子置身于危险当中，孩子感到害怕，父母却不在身边的各种行为，都会令孩子感到恐慌，从而使孩子缺乏安全感。

其次是心理上的安全感，父母要多陪伴孩子，尽量在孩子面前展示英勇的一面，能够在孩子感到害怕时，给他们一个坚实温暖的怀抱。无论什么时候，当孩子遇到了困难的时候，父母都要站在他们的身后，这样孩子内心的安全感就会十分充足。

每个孩子来到这个世界时，都抱着被呵护、被接纳的想法，只有父母无条件的爱，才能让孩子拥有一个安全感满满的童年。

认可

在很多父母眼里，孩子是一个"极弱"的存在，不管孩子做什么，父母都认为"不够好"，所以总是忍不住插手或是提出意见。这样的父母忽略了一件事，那就是罗马不是一天建成的，孩子也不是突然之间长大的。如果父母坚持用"高标准"去要求孩子，那么就很难真心地认可孩子。

孩子的成长需要过程，他们的认知和能力是逐渐提高起来的，而在这个过程中，孩子需要得到父母的认可，这是孩子感到心安的动力，也是父母对孩子的鼓励，会让孩子努力克服遇到的困难。

而一个长期得不到父母认可的孩子，就算他拥有再好的物质生活条件，然而他的心理需求也无法得到满足。一个在父母这里总是得不到满足的孩子，又怎么能够与父母建立起良好的亲子关系呢？

关注

孩子都渴望得到父母的关注，有的孩子为了得到父母的关注，甚至会故意发出怪声或是做出怪异的动作来吸引父母。而得不到父母关注的孩子，会认为父母不够爱他，直接影响着孩子内心安全感的建立。

很大程度上，孩子的幸福感主要来源于父母的关注。因此，当孩子释放出"求关注"的信号时，我们要及时地满足孩子的需求，不要觉得蚂蚁搬家没什么可大惊小怪都，也不要觉得路边的野花没有什么好看的，要积极地响应孩子的"妈妈，快看""爸爸，快来"，跟他们一起分享"发现新大陆"的快乐。父母们最好是能够主动地去关注孩子的举动，这样孩子们才能感受到"爸爸妈妈是爱我的"。

信任

父母对孩子的信任，是建立有效亲子关系的基础。任何一方失去了信任，亲子关系都无法很好地维系下去。

而在亲子之间的信任上，父母对孩子的信任是前提。信任自己的孩子，就要将他们视为一个独立的个体。在既定的事实面前，不要"自以为是"地按照自己的理解做出判断，更不要没有依据地对孩子产生怀疑。与孩子说话时，不要在还没有进行调查和确认前，就认为孩子有问题。同时，只要是孩子这个年龄段或是以他们的能力能够掌握的事情，就要放心地交给孩子自己去做。

父母越信任孩子，孩子就越信任自己，同时也会更加信任父母。当父母不再做孩子的监督者和控制者时，亲子之间的关系就不再是"对立"的关系，而是相互信任、相互帮助的"伙伴"关系。

接纳

曾经有一个节目，让孩子和父母相互给对方打分。答案揭晓时，父母们给孩子打出的分数普遍很低，因为在父母眼中，孩子身上总是存在这样那样的问题。而孩子们给父母打出的分数却很高，因为孩子们很爱自己的父母，就算父母有很多让他们不满的地方，也无法阻止他们对父母的爱。

父母爱孩子，却总是喜欢挑剔孩子，但是孩子爱父母，不管父母好与坏，他们的爱不会产生丝毫改变。究其原因，在于父母爱孩子，却无法接纳孩子身上存在的不足之处，但孩子爱父母，哪怕父母并不完美也不影响他们的爱。

如果父母不愿意接纳孩子的所有，就会不断地否定孩子，同时也否定自己，认为自己是一个失败的家长。但是当父母愿意接纳自己孩子的不足时，其实也就是接纳了自己的不完美。父母不会再因为自己不够合格而充满纠结，孩子也不会因为父母的挑剔而百般苦恼，这样的亲子关系，想不和谐都很难。

孩子不同成长阶段的教养法则

孩子是不断发展的个人，无论从孩子的成长角度而言，还是从父母教养的角度而言，都需要用不同的眼光去看待和对待孩子。

0~3 岁孩子教养要点：情感 / 人生

曾经，源于美国的"哭声免疫法"一度风靡全球。这个方法讲究的是孩子哭的时候不要抱，不哭的时候再抱，避免孩子养成哭闹的习惯，这个方法在当时受到了许多年轻父母的青睐。

但结果证明，这个方法是行不通的，因为它违背了孩子的成长规律。0~3岁的孩子正处于人类心理特点形成的时期，具体表现为孩子会在这时期学会走路、开始说话、出现思维，并拥有了最初的独立意识。这意味着，孩子正处在"学习期"，小到吃喝拉撒，大到学习各种生存的技能，都需要得到父母的帮助。尤其是在孩子还没有学会说话之前，他们只能用哭声来表达自己的需求，如果这个时候父母对孩子的哭声选择无视的态度，那孩子的身体自主神经系统就会形成过度紧张的记忆，从而影响孩子的脾气秉性。

在这个时期，孩子需要的不是训练，而是依恋关系。依恋是情感的起源，当幼儿与父母形成依恋关系后，与父母在一起时他们会感到愉悦；当幼儿难过时，只有父母的出现，他才会得到安慰。

也就是说，只有在依恋关系中得到满足的孩子，才能感到快乐和轻松。所以，不要再信奉什么"哭声免疫法"了，当孩子哭泣时，要立刻抱起孩子进行安抚，让孩子闻到父母身上熟悉的气味，他们的内心才会感到安全和知足。

如果父母能够在孩子幼年时期与他建立起深厚的依恋关系，那么父母就会发现，在孩子今后的成长过程中自己能够省心很多。

3~6岁孩子教养要点：性格 / 观念

3~6岁是孩子心理活动形成系统的奠基时期，是个性形成的最初阶段。这个时候，父母仅仅提供"爱的供养"，已经不足以支撑孩子的成长了。因为这个时期的孩子已经逐渐具备了理解和表达能力，与过去那个小婴儿相比，他们可以独立完成很多事情，并且能够十分清晰地了解父母的要求了。

因此，这是给孩子"立规矩"的好时机。播下一种习惯，就会收获一种性格，而性格又会影响着人的一生。在这个阶段，父母要学会对孩子说"不"，要教会孩子等待和自律，还要训练孩子学会自我管理，培养孩子吃苦耐劳的精神。

尽管这一时期的孩子还是会哭闹，但父母的做法就不能像 0~3 岁时那样了。0~3 岁时孩子哭闹是因为生理上有需求，而 3~6 岁时孩子哭闹，则是因为心理上的需求了。简单来说，孩子是在通过哭闹来"要挟"父母，父母最该做的，就是让孩子明白"哭闹"没有用。这期间不要打骂孩子，也不要对孩子实施冷暴力，就温和地看着孩子就好；等孩子哭够了，情绪平稳下来时，再跟孩子进行沟通，鼓励孩子表达自己的想法，并引导孩子倾听父母的想法。

当父母与孩子建立起良好的沟通方式时，接下来很多事都会变得容易起来。尤其是在给孩子立规矩的过程中，可以减少很多不必要的摩擦。

6~18岁孩子教养要点：能力/知识

6岁以后，孩子基本上都开始了学习生活，孩子从上小学开始，就进入了全新的成长阶段。从小学，到初中、高中，他们将完成多阶段的基础学习，度过从儿童到青少年的关键成长期。在这一时期中，孩子会从曾经的懵懵懂懂逐渐蜕变成能够独立思考，并且具有思维能力的青少年，实现智力和认知能力越级式的发展。

在小学阶段，孩子上低年级时，父母要将教养重点放到培养孩子良好的学习习惯上，让孩子逐步适应学习生活，培养孩子的学习兴趣。孩子到了中高年级时，父母除了要关注孩子的学习成绩外，还要多关注孩子的心理健康，引导孩子解决人际关系中的难题，并帮助孩子提升自主学习能力，为步入初中做准备。

到了中学阶段，孩子已进入到青春期，孩子的身体形态会发生明显的变化，身体机能也逐渐健全起来，心理也相应产生变化。在埃里克森的心理社会发展理论中，这一期间的孩子处于同一性对同一性混乱阶段，他们在努力发现、确认自我感，在真正发现自我之前，体验角色的混乱。

在这期间，父母要放低姿态，并从之前的"引导者"身份逐渐转变为"陪伴者"的身份，遇到问题多和孩子商量，重视孩子的意见，并能够适时给出有力的帮助和合理的建议。

同时，伴随着学业的加重，孩子的心理压力也会更大。因此，父母在学习方面不要给孩子太大的压力，比起如何提高孩子的学习成绩，帮助孩子养成新的学习习惯更加重要。

18 岁之后：自我实现

18 岁之后，孩子就要步入成年人的世界了，他们会离开单纯的校园走向复杂的社会。这个时期的孩子，生理和心理都已经接近成熟，他们不再是父母膝下那个撒娇的孩子了。

因此，父母在这个时期对孩子的教养重点，要转变为引导孩子实现自我。在当今社会，人们打拼奋斗，除了要解决生存问题外，还要追寻内心的梦想，实现自己人生价值的更高追求。而初出茅庐的孩子，在面对一些人生的选择时会感到迷茫，这个时候就需要父母给予孩子建议和引导。

平时在生活当中，要多让孩子参与到每一件事当中，饭要自己做，衣服要自己洗，家务分工合作。最好定期召开家庭会议。只要父母敢于放手，放心让孩子去做，他们就能实现自我，体会到自己的价值所在。

一个人最欣慰的，莫过于自己的成果被肯定，自己的价值被认可。帮助孩子自我实现，让孩子不断地体会到那份超越自我的快乐，孩子的人生才会更加精彩。

第二章

五大无效养育误区，你中了几条？

　　现在的父母更加重视教育，也更加民主，花在孩子身上的时间、精力和金钱也更多，但为什么孩子却越来越娇纵、越来越难管了呢？原因就在于家庭生活方式出现了新的变化，但父母并未及时调整教子方略，所以，家庭教育中的一个个新误区便出现了。

放纵溺爱，阻碍孩子的健康发展

当父母是一件很难的事情，既要承担起疼爱孩子的成本，又要使孩子能够顺然生长。但很多家长的爱过了度，那爱就变成了"溺爱"。

在这类父母的观念里，他们认为孩子很弱小、很脆弱，捧在手里怕摔了，含在嘴里怕化了，在家不让孩子受苦受累，出门不让孩子受委屈，对于孩子的不良行为不忍心教育，对于孩子犯下的错误不忍心指责。这种不教育和不指责，等于一种默认和肯定，在赤裸裸地纵容孩子。

我的一个朋友，年近 40 才有了孩子，因此当孩子降临后，便被全家人捧在了手心里。

从小到大，吃穿用度都要买最好的，只要是孩子想要的东西，父母从来不会拒绝。孩子上初中时，看到别人家有 switch 游戏机，便也吵着要买。朋友害怕会影响学习，起初并不答应，但是禁不住孩子"退学"的要挟，最终还是买给了孩子。有了游戏机后，孩子经常彻夜打游戏，朋友劝孩子早点休息，孩子却对父母恶言相向。

现在孩子已经上了高中，成天与一群小混混混在一起，也不怎么好好学习，还时常不回家。但凡父母说他两句，他就会跟父母吵起来，然后又是好几天不回家。朋友很想不通，自己付出了全部的爱去对孩子，孩子为什么会长成这样呢？

父母把孩子当宝，万般的娇惯，以为这是对孩子的爱，实际上这爱却犹如一把锋利的尖刀，插在了孩子的成长之路上，再坚强的孩子也扛不住娇惯的锋刃。惯子如杀子。宠爱孩子没有错，但溺爱孩子就是父母的不对了。溺爱是失去理智的爱，是直接摧残孩子身心健康的爱。过度溺爱孩子，会让孩子不懂规则，为人处世没有分寸，进入社会后往往会输得很惨。

在一次外出中，我曾在火车上看到这样一幕：

一个六七岁的小男孩儿一直用脚踢前排的座位，前排的乘客忍无可忍之后，很和气地对后面的小男孩儿说："小朋友，不要踢我的座位了。"

小男孩儿听到，非但没有道歉，还给了对方一个大大的白眼。没过多一会儿，他又开始踢起前排的座位来，而且比之前更加过分。这一次前排的乘客不再客气了，站起来拽住小男孩儿的脚丫说："你再踢，我就把你的脚掰断！"

可能对方捏疼了这个小男孩儿，小男孩儿"哇"的一声大哭起来。哭声引起了小男孩儿妈妈的注意，在得知事情的来龙去脉后，这位妈妈不但没有批评自己的孩子，反而指着前排的乘客大骂了起来："你多大的人了，怎么跟一个小孩子计较呢？既然怕被打扰，你就把整节车厢都包下来呀！既然没钱，就不要那么多事。我告诉你，如果你把我孩子吓着了，我让你吃不了兜着走！"

说完，将正在抹眼泪的孩子一把搂进了怀里。在靠近妈妈的那一刻，小男孩儿还对着被气得无言以对的前排乘客，做了一个鬼脸。

溺爱孩子的父母都有一个"通病"，那就是在孩子犯错后，不舍得责骂孩子，他们认为孩子还小，长大以后自然就懂得了怎样做才是正确的。但一个小时候因为赖床迟到，就有父母帮他写请假条，让他免除被老师责罚的孩子，恐怕这辈子都学不会如何改正自己的错误。

孩子就像是一棵小树，小时候被父母千娇万惯，长弯的时候不舍得掰直，有权的时候不舍得修剪，等长大了，才发现小树长歪了，这时候再去苛责孩子，无疑会对孩子造成更大的伤害。

古人云：父母之爱子，则为之计深远。有管，有教，有罚，才是对孩子最好的爱。要知道，塑造一个孩子很难，但毁掉一个孩子却很容易。不要让自己一时的放纵溺爱，毁掉孩子的一生。

心灵施暴，扼杀独立人格的树立

在养育孩子的道路上，很多父母信奉"打是亲，骂是爱"，认为教育孩子就得打骂，这样才能将孩子教育好。适当的责骂可以让孩子认识到自己的错误，但有些父母总是怕自己批评得不够严厉，因此极尽严厉的说辞，甚至是全盘否定孩子，一定要将孩子批评得抬不起头来才罢休，这样的责骂，则是对孩子的心灵施暴，会一步步摧毁他们的自尊。

我有一个朋友，他做什么事情都很努力，也很用心，但很奇怪，他似乎从来没有成功过，做过很多行业，但总是在快成功的时候打起了退堂鼓。问他原因，他说感觉自己成功不了，只能放弃。

上学时，他的学习成绩很好，一直在前三名，可就是从来没有当过第一名。普通学生考个前三名，笑得嘴巴都合不拢，只有他总是一副愁容，因为他没有考第一，回家一定会被骂。

　　我还曾不信他说的话，认为天下没有这么严格的父母，直到有一次，在放学路上见到他跟几个同学踢了一会儿足球，结果被他父亲看到了，他的父亲当着很多同学的面骂他说："放了学不赶紧回家学习，还有脸在外面踢球？你以为自己考了第一名吗？"

　　听了父亲的话，他原本笑得很开心的脸立刻笼罩上了一层阴影。

　　当着众多同学的面都可以这样责骂自己的孩子，可想而知在家里只会有过之而无不及。在有一次生意失败后，他说道："为什么想证明自己就这么难？我爸说的是对的，我这个人永远都成功不了，干什么都干不到最好。"

郑渊洁曾说过："要想毁掉自己的孩子，首先应该做的是摧毁孩子的自尊。"孩子的面子，就是他们的"里子"。所谓"人前教子，人后教夫（妻）"的观点，完全陷入了误区，这个误区就是认为孩子年龄小，心智不成熟，当众批评孩子，会让孩子因此而印象深刻，不再犯错。

事实上，孩子心智尚未成熟，一丝一毫的心理伤害，都会对他们的终身产生不可逆转的影响。当众责骂孩子、揭孩子短，甚至是让孩子难堪，不但起不到教育孩子的目的，反而会伤害到孩子的自尊。虽然不会对孩子的身体造成伤害，却会在孩子的内心留下不可磨灭的伤痕。

更重要的是，孩子还会在心理上认同父母的评价，从而逐渐产生自卑心理、丧失生活的勇气等严重后果。

每个人来到这个世界上时，都像一张白纸，他们所生活的环境就像是各种颜色的颜料，会在他们的身上留下浓墨重彩的一笔。因此，孩子会被环境造就，他所成长的环境是什么样的，他就会变成什么样的人。

认为孩子学习不好，当着众多亲戚的面挖苦孩子脑子笨；认为孩子有缺点，就故意当着外人的面指出孩子的不足之处……父母认为当众批评会让孩子印象深刻，以后不会再犯同样的错误，但事实上，这样教育的意义远远没有给孩子造成的心理伤害大。

曾经在亲子夏令营中见过一个小男孩儿，他十分优秀，却极度自卑。造成这种反差的原因，就在于其母亲不当的教育方式。

孩子们一起完成任务，小男孩儿因为速度慢了一点点，就被妈妈说："早就跟你说少吃点，你看看吃这么胖，跑都跑不动。"

孩子在端饭时，不小心手滑了一下，碗险些掉在地上，就被妈妈说："跟你说了多少次了，拿东西时要小心，你怎么就是不长记性呢？"

父母批评孩子的本意，是为了让孩子变得更好，但这需要建立在正确的批评方式上，错误的批评方式，只会起到适得其反的作用。

苏珊·福沃德博士在《中毒的父母》一书中写道："来自父母的打击，所造成的伤害效果不只是当下。它贯穿岁月，像一根针一样深扎在子女的心头。"父母漠视孩子的努力和认真，不断抨击他们的自尊，只会打碎孩子的热情和信心。一个无论做什么都不被看好的孩子，就像一个泄气的气球，无论如何，都难有动力。而这，显然不是我们养育孩子的初衷。

优秀的父母不会做孩子的"差评师"，更不会一边对孩子说着"我爱你"，一边又对孩子"恶语相向"。常言道："良言一句三冬暖，恶语伤人六月寒。"更不要说孩子那稚嫩的心灵，根本经不起这样的摧残。父母是孩子的第一任老师，如果孩子在父母的培养下，完全没有树立起独立的人格，那这就是父母的错误，也是中国家庭教育的悲哀。

物质刺激，变相拜金主义的诱导

现在的孩子，对物质刺激这个词语丝毫不感到陌生，因为这是很多父母"对付"孩子的撒手锏，包括我自己，也曾使用过物质刺激的方式来教养孩子，比如：考试成绩 90 分以上，奖励一套乐高玩具；考试成绩 95 分以上，不但可以得到一套乐高玩具，还可以得到 100 元的奖励……

我身边的父母们几乎都会对孩子进行物质刺激，方式不同，但效果却惊人地相似，那就是孩子会为了得到物质奖励瞬间劲头十足。但是我发现，物质奖励虽然短时间内可以刺激孩子，却存在着不少的隐患。因为对于孩子来说，当人生的追求转化成物质上的贪婪，这对培养他们的独立人格和价值观极为不利。

在巴尔扎克的《人间喜剧》中，高老头是特别有代表性的一个人物。高老头是一个面粉商人，因为具有商业头脑，从一个农民变成了暴发户。有了钱的高老头将自己的全部感情都倾注在了两个女儿身上，他节衣缩食，却为孩子们提供奢华的生活。只要是孩子的金钱需求，他永远是有求必应，并十分支持两个女儿进入上流社会。

但是两个女儿丝毫不感激高老头的付出，只知道向他索取，无度地挥霍他的金钱。与此同时，她们还看不起做面粉生意的父亲，高老头为了不辱女儿们的面子，独自住进了条件简陋的公寓里。

当高老头病入膏肓的时候，他想要见见自己的女儿们，但是女儿们却在盛装打扮准备去参加高档的舞会。高老头去世后，女儿们甚至没有出现在父亲的葬礼上。

看了高老头的故事后，我开始重新审视给予孩子物质刺激这件事。虽然我的初衷是好的，但是却极容易让孩子变得只向钱看齐。而一个眼中只有钱的孩子，就会认为有钱就有幸福，只要有钱就能买到一切。这种畸形的价值观，会让孩子成为金钱的俘虏，变得无情，甚至无耻。在金钱至上的价值观里，爱不再是维系家庭关系的纽带，金钱才是，在金钱的面前，什么父女之情、夫妻之爱、朋友之义，一切都不重要。

当孩子人生观的追求转化成物质上的贪婪，我们又从何谈起独立的竞争意识和健全的人格呢？更何况，物质刺激的效果也是短暂的，用的次数越多越不管用。

在心理学上有一个"德西效应"。教育家德西请来了许多大学生，然后将他们分为两组一起做有趣的智力难题。其中一组做对后，就奖励一美元，而另一组做对后，就什么都没有。

在最初的半个小时里，得到钱的那一组做得十分起劲儿，当他们做累了休息的时候，另一组同学却依旧在继续做题。

最终德西得出一个结论：给一个正在进行愉快活动的人提供外在的奖励，反而会减少这项活动对他内在的吸引力。

我们给予孩子物质刺激也是同样的道理，物质奖励之所以会越来越不管用，就是因为物质奖励只是眼前的刺激，并没有深入到内在驱动力的诱发。就像望梅止渴一样，物质奖励只能起到短暂的缓解作用，却无法解决实际存在的问题。

　　孩子若是对学习热情不高，物质奖励或许会让孩子在短时间内受到金钱的刺激而发奋努力，但是却无法从本质上提高孩子学习的热情。孩子缺少学习热情的原因太多了，或许是因为基础差跟不上，或许是因为不喜欢老师，或许是因为偏科，总之不会是因为缺钱。而如果不是因为缺钱，那么物质奖励这个办法，就永远触及不到问题的本质。

物质刺激的方式，不但解决不了实际问题，还会破坏掉孩子的内驱力，让孩子变得目光短浅，只注重眼前的利益，并形成错误的金钱观。如果父母想要奖励孩子，我建议大家使用精神奖励，也就是多鼓励多支持，多从孩子的角度出发，给予孩子最真挚的陪伴和关爱。

动辄体罚，是最没用的教育方式

2020 年 4 月，日本出台了修改后的儿童虐待防治法，禁止父母体罚儿童。其中提到一些具体的例子，是父母在养育孩子的过程中，经常会做出的举动，如："因孩子不做作业而不给晚饭吃。""因孩子偷窃他人东西而打屁股。"

当法律条例已经详尽到了这样的地步，那只能说明一个问题，那就是体罚孩子的行为越来越多了，并且给孩子造成的伤害也越来越大了。有研究表明，体罚孩子会导致孩子智商下降、行为不当，甚至增加孩子的犯罪率。

大约一年前，我接触了一个孩子，孩子十分排斥待在一个封闭的空间里，并且晚上睡觉不允许关灯。父母起初尝试着在她睡着以后将灯关掉，但是孩子醒来后会吓得哇哇大哭。通过与孩子聊天得知，孩子经常遭到父母的体罚，大部分原因都是她没有好好学习，或是考试没有考好。

有一次，妈妈因为她没有按时写作业，就将她关进了黑漆漆的地下室中，任凭她怎么拍门求饶，也没有将她放出来。妈妈说只关了她5分钟，但她感觉时间很长很长。从那以后她就有点儿怕黑。因为害怕妈妈关她，所以考试成绩不好的话，她连家都不敢回，独自一人在公园的长椅上度过了一夜，这可把父母急坏了。但是回了家后，父母对她夜不归宿十分生气，将她关进房间里反省了一整天，除了上厕所不允许她踏出房间半步。

听了孩子的叙述，孩子的父母感到十分"冤枉"，声称孩子不好好学习，作为父母他们没有打骂孩子，只是使用了一些体罚的手段来管理孩子罢了，怎么还会给孩子留下心理阴影呢？

现在新时代的父母很多已不再信奉"棍棒底下出孝子"的育儿经，但是不打孩子并不代表体罚孩子就不存在了，只不过就是换了个形式而已。之前有新闻说，一个妈妈将穿着单薄的孩子关在寒冷的阳台上，整整关了4个小时，孩子被冻得瑟瑟发抖，直到被邻居发现报了警。看着被冻得奄奄一息的孩子，父母完全没当回事，他们就是觉得孩子不听话，想让孩子长长教训而已。

父母以为体罚能够让孩子"长记性"，但实际上体罚不但不能阻止孩子的不良行为，还会使孩子在犯错时变得更加小心翼翼，更加巧妙地掩饰自己的错误，企图不被父母发现。当家长体罚孩子时，孩子会暗下决心以后要小心再小心，却永远不会从体罚中学会诚实和负责。

体罚是强制、迫使孩子服从父母的意愿，在此期间孩子一直处于一种压抑、恐惧、担惊受怕的状态之中。如果孩子经常受到体罚，孩子就会对父母产生恐惧感，这不但对亲子关系是一种破坏，而且对孩子的心理也会造成伤害。通常那些受罚严重的孩子，在长大后都很难成为最好的成人，他们性格怯懦，精神抑郁，遇到困难很容易一蹶不振，更不要说做出什么傲人的成绩了。

　　体罚孩子，实际上是最无能的教育方式，是父母黔驴技穷时不得已的选择，也是父母无法控制自己情绪的粗暴手段。不能打也不能骂，那孩子犯了错后父母该怎么办呢？

自然惩戒是个不错的办法，比如：孩子不写作业，那就让孩子自己去承担不完成作业的后果，相信老师的一次批评和责罚，会让孩子印象深刻；比如：孩子弄洒了牛奶，那就让他们负责将地板擦干净，既没有喝到奶还要打扫卫生，对孩子而言不是一件好受的事情。

我们不提倡体罚孩子，并不代表不管孩子，只是父母要学会具体问题具体分析，采取孩子和父母都能接受的方式进行教育。只有教育方式得当，才能既教育了孩子，还不会对孩子的心理造成伤害。

精神忽视，让孩子成为家长最熟悉的陌生人

曾经有一个采访，在采访中，主持人问大家："父母的哪种行为最让你无法忍受？"

大多数人的答案都是："冷暴力。"

什么是"冷暴力"呢？就是父母以一种冷处理的方式，对孩子说的话、做出的行为不理不睬，完全忽视孩子的存在。有人形容被父母冷暴力的感觉，就像是被一把很钝的刀在身上不停地划，不会流血，但是痛感却真实存在。

在这个不提倡打骂孩子的育儿年代，很多父母或许会觉得这

是一个不错的方式，认为这是更加"温和"的处理方式，但事实上远比打骂给孩子带来的负面影响更严重。

一个高中同学在毕业多年后，回忆起高考这段时光时，仍会痛苦不已，不仅仅是学习压力大，更主要的是来自家庭的压力。第一年参加高考时，因为数学发挥失误，她没能考上父母期望的大学。

从落榜那一天开始，父亲便不再跟她说话，每天住在同一个屋檐下，她却被父亲视为陌生人，有必须沟通的问题时，父亲会找母亲代为传话。而母亲因为父亲的态度，也对她十分冷淡。直到第二年，她终于考上了理想中的大学，父母对她的态度才有所好转。

她曾坦言，在那段时光，她曾不止一次想过自杀。

父母对孩子的冷淡、轻视、放任、疏远和漠不关心，会致使孩子的精神和心理受到伤害，并影响孩子的性格、心理和人格的形成。冷暴力虽然不会使孩子的身体发肤有所损失，但会令孩子的精神承受漫长的煎熬和折磨，是比身体惩罚更加难以忍受的精神惩罚。

经常被父母实施冷暴力的孩子，性格会变得十分极端，遇到事情爱钻牛角尖，即便很优秀，但内心也会感到很自卑。他们不擅于表达自己的想法，也不会处理人际关系，感情脆弱而敏感，并且容易激动。更重要的是，冷暴力意味着父母和孩子双方不会将问题摆到明面上来沟通，亲子之间缺少坦诚相对，这将使孩子无法学会正确处理问题的方式，并且一直延续到孩子自己做了父母以后。据我所了解，很多人对子女的精神虐待方式其实是从原生家庭习得而来，然后一代代传下去。

我曾接触过一个中度抑郁的小孩儿，孩子刚刚上初中，人很聪明，学习成绩也很好。孩子的父亲在外地工作，常年不在家，母亲是全职家庭主妇，生活的重心就是围着孩子打转。

大约初一下半学期的时候，孩子生出了不想上学的念头。母亲没有问她原因，就是在她提起"不想上学"这件事后，没有再理过她。每天也会照常给她做饭，却从来不跟她同桌吃饭，有什么必须说的事情时，就会写张纸条放在桌子上。

如此长达一年的时间，孩子一边忍受着煎熬去上学，回了家还要忍受冰一样寒冷的母亲，最终承受不住心理的压力，选择服用安眠药自杀。幸亏母亲发现及时，孩子总算脱离了生命危险，但是却被诊断为中度抑郁症。

在跟我聊天的过程中，孩子几次看向母亲，但是母亲都在看手机，丝毫没有理会她的意思。事后，我跟母亲聊起她教育孩子的方式，母亲觉得自己既没有打也没有骂，就是给孩子时间让她自己"反省"而已，而且还称自己小时候就是这样过来的，所以并未觉得这样做有什么不妥。母亲将曾经自己被教育的方式，挪用到了孩子身上，结果造成了悲剧中的悲剧。

养育孩子时，最忌讳的事情就是"拒绝沟通"，如果父母对孩子有什么不满意的地方，或是想对孩子表达更高的期望，要坦诚地和孩子进行交流，不要企图通过冷处理的方式，让孩子自己去领悟，不要让孩子成为家里面最熟悉的陌生人。

第三章

建立规则：让孩子对自己负责

　　作家刘墉曾说过一句很深刻的话："你不舍得给孩子立规矩，就会有人给孩子长教训。"有些孩子的本性是顽劣的、叛逆的，而有远见的父母，懂得在孩子小时候就教会孩子基本的行为准则，让孩子拥有行走世界的底气。

规则是自由的保障，而非自由的枷锁

曾有家长对我说，现在是一个"孩子难，父母更难"的年代，因为孩子需要自由地成长和发展，但父母却需要对孩子进行约束和管教，所以在这个家长眼中，"规则"和"自由"就是对立的双方，规则就像是自由的枷锁，将孩子限制在了各种条条框框中。

在我接触的父母中，这样的父母并不在少数。他们给孩子所立的规则太多，使孩子变得畏畏缩缩，失去活泼好动的本性。他们担心不跟孩子讲规则，孩子会彻底放飞自我，变得难管教。其实，自由和规则之间并不是矛盾和对立的关系，在孩子发展的过程中，规则并不是自由的枷锁，而是自由的保障，有了规则的自由，才意味着安全，才是真正意义上的自由。

为什么这样说呢？先来看一则发生在我们身边的真实案例。

山西大同一个 10 岁的男孩儿，觉得爸爸开车的样子很酷，便想也尝试一下。当他把想要开车的念头告诉父母时，遭到了父母的反对。但是男孩儿并没有就此放弃这个想法，而是打算通过哭闹来让父母妥协。

起初，妈妈还能耐着性子对孩子进行劝阻，但随着孩子的哭闹声越来越大，妈妈束手无策，只能跟爸爸说："不行就让他试试吧。"妈妈觉得有爸爸帮忙控制油门和离合器，应该不会出问题。

爸爸想了想便将车停下，往后调了调驾驶位，然后让孩子坐到自己的腿上，手握着方向盘，开始操控汽车。终于开上了汽车，一上了路孩子就兴奋起来，随着操作越来越流利，孩子开始不断要求爸爸加大油门，直到时速达到了120迈，孩子兴奋到不能自已。一旁的妈妈看到孩子如此高兴，还拿出手机拍下了视频传到朋友圈炫耀自己儿子的"车技"。

最终这场"闹剧"因交警接到了群众的举报而落幕，孩子的父母受到了应有的教训和惩罚。

作为心智健全的成年人，这对父母一定知道让 10 岁的孩子在高速公路上操控一辆时速 120 迈的汽车是多么危险的事情，却依旧选择了让孩子这样去做。如果自由就是让孩子做任何他们想做的事情，不管其正确与否，这实际上是对自由的背叛。很多时候，所谓的"自由"带给孩子的是危险。父母认为给孩子自由，能让他们更好地快乐成长，但有时候，事实恰恰相反。

真正的自由，是有能力在任何时候做自己想做的事情。能力就是对自由的限制，而规则则告诉我们什么是能力范围内、什么是能力范围外。10 岁的孩子，显然没有能力去控制一辆时速 120 迈的汽车，父母却任由他去做这样一件自己能力控制范围以外的事情，父母自以为这是对孩子的爱，实际上却是对孩子的害。孩子从中感受到的，除了父母对他的百依百顺外，还有父母藐视规则的行为。父母没有规则意识，孩子就会缺少规矩。缺少规矩的孩子在家里有父母惯着，那到了社会上呢？

对孩子无条件的爱，是父母的天性使然，但给予孩子有底线的自由，则是为人父母必备的智慧。我们所处的社会，处处都是规则。过马路要看红绿灯走斑马线，买东西要排队，公众场合不能乱跑乱跳、高声喧哗……就连交朋友，人们都喜欢与有着相同规则意识的人在一起。如果我们的孩子只有自由不懂规则，那么等待他的，就是被全世界抛弃。

所以说，自由虽是孩子正常发展的必要条件，但绝对不是充分条件，更不是放纵孩子的理由。父母对孩子真正的爱，是让孩子成为一个具有规则意识的自由人，让孩子懂得遵循人类优化发展的自然定律，能够在内心建立起秩序。一个人只有学会了自我控制，方才能够主宰自己的人生。

建立规则，究竟是在建立什么？

在父母课堂上，经常有家长问我："该给孩子定一些什么样的规矩？什么样的规矩才能够使孩子自觉地去遵守呢？"

我的回答是："什么规矩是其次，重要是先给孩子建立起规则意识。"我们总是说给孩子定规矩，所以很多家长都把注意力放在了"该定什么样的规矩"上。该定什么规矩并没有一个统一的标准答案，这要根据孩子的自身以及家庭的情况进行具体的考量。给孩子定立规则，最主要的目的在于让孩子建立起"规则意识"。

所谓"规则意识"，就是孩子能够发自内心的，以规则为自己的行为准绳的意识。比如：孩子在学校能够自觉地遵守校规，走在马路上能够自觉地遵守交通规则，在集体环境中能够遵守社会公德，在与小朋友玩耍时能够遵守游戏规则等。建立规则意识，是给孩子管理自己创造基本条件，是孩子从小养成良好习惯的开端，也是作为一个人内心修养必不可少的一部分。

　　之前曾在网上看到过一则报道，某华人富商资助了一群小学生 200 万元。这则信息本来并没有引起我太多注意，因为该富商一直热衷于慈善公益，时常进行捐款，这算不上什么新闻。但这一次，富商捐款的动机却与以往不同。

　　事情是这样的，当天富商在机场遇到了一群中国小学生，在乘坐自动扶梯的时候，小学生们看到了富商，他们在完全不知道眼前的老人是谁的情况下，主动排好队耐心等待，让富商先行。

孩子们的懂事、规矩，让富商十分感动。事后，富商得知这群孩子们是去日本参加比赛，便给这群孩子们资助了200万元，作为孩子们在日本的游学费用。

没有人提醒，也没有人强制，"让路给老人"是孩子们发自内心的选择，是孩子们早已经深入到骨髓的意识。孩子的规则意识一旦建立，就会支配他的行为界限，帮助孩子在保证自我权益不受侵害的前提下，尽早地适应社会规则，尽快地融入一个团体中，并让孩子受益终身。富商在奖励这些讲规则的孩子，世界将来也会奖励具有规则意识的孩子，同时也会惩罚那些没有规则意识的孩子。

2019年8月份，在江西抚州的一处公园内，很多小孩儿在音乐喷泉内玩耍。一旁一个保安正在声嘶力竭地喊着："出来，不要在里面玩儿。"有的家长听到了，就将自己的孩子带离了喷泉，有的家长听到了却当没有听到，继续带着孩子在里面玩儿，全然不顾喷泉外竖着的"禁止入内"的大牌子。

这时，喷泉到了开放的时间，一股水柱刚好对着一个7岁男童的屁股喷了进去，直接从肛门冲进了肚子里，孩子当场痛得哇哇大叫。事后，为了帮助肠子愈合，医生只能从孩子的肚皮上造口来帮他排便。

近几年，类似于这样藐视规则遭受严重后果的新闻，时常出现在我们面前。无视规则，心中没有规则意识，迟早会因此而吃大亏。

马克·李维在《偷影子的人》中写道："规则，是立足世界的经验值。"从小就给孩子灌输"规则意识",该立规矩的时候绝不拖拉,该立什么样的规矩,也绝不含糊,才能让孩子从小就认识到生活中处处充满规则,从而愿意学习规则、执行规则,并慢慢养成遵守规则的习惯。

建立规则意识的4个实用方法

一个建立了规则的孩子,并不仅仅是"乖"和"听话",更重要的是,会帮助自己节约成长成本,也会保护自己的成长自由。那家长该怎么建立孩子的规则意识呢?这里为家长们提供4个建立规则意识的实用方法,分别是:用爱跟孩子讲规则、从家里培养规则意识、学会拒绝孩子不讲规则的言行和用"计时隔离"法应对不守规矩的孩子。

蹲下来,用爱和孩子说规则

我曾经在一次"父母课堂"上问过一位母亲:"您认为让一个孩子讲规则的最重要的前提是什么?"那位母亲想了一下,回答说:"应该是规矩比较合理,孩子愿意去遵守。"

这个答案很好,规则本身确实是建立孩子规则意识的重要前提,但却不是最重要的前提,最重要的前提是"爱"。跟孩子打交道,首先一定要让孩子感受到你对他的爱,然后在爱的基础上讲规则,这样孩子才愿意接受父母建立的规则。

我的小孩儿在刚刚进入幼儿园的时候,分离焦虑十分严重,老师们几乎控制不住他,他时常趁老师不注意就要打开门回家找妈妈,几乎每天早晨都是哇哇大哭着被老师抱进教室。

这样的状况大约持续了三天,他们班换了一名老师。自从换了老师后,孩子的分离焦虑立刻得到了缓解,虽然还是会哭一会儿,但是绝不会一哭哭一天了。这跟老师对待小朋友的态度,有很大的关系。

有的老师在见到小朋友入园时,会很热情地说道:"×××,你来啦,快跟妈妈说再见。"如果孩子哭得厉害,老师通常是一言不发,赶紧将孩子抱离父母身边。但是这位新老师在见到孩子入园后,会用在家长看来十分夸张的语气说:"×××,你终于来了,老师都想你半天了。"即便孩子正在"哇哇"大哭,老师也不会落下这句话,有时候还会说:"不要哭了,把嗓子哭哑了,老师该心疼了。"

大约在孩子入园一个多星期以后,孩子突然对我说:"妈妈,我有两个妈妈,一个在家里,一个在幼儿园。"

孩子说的这句话,让我感受到老师对他的爱。这便是新老师的"制胜法宝",爱让孩子对她产生了信任,孩子相信即便没有妈妈在,老师也会帮他解决一切。孩子都十分在意这种"爱",

同时会为了得到"爱"，努力让自己看起来更优秀、更懂事。

但在很多父母的认知里，爱和规则是对立的，爱意味着宠溺，但规则意味着管束。事实上，这两者并不冲突，爱与规则于孩子的成长而言，缺一不可。

在一次回乡的火车途中，我的后面坐着一对母子。开车没一会儿，小朋友就有些坐不住了，拿着酸奶在车厢内到处跑。孩子的妈妈提醒孩子，要好好坐在座位上，不要乱跑。但孩子没有听妈妈的话，结果摔倒在地，酸奶也随之洒了一地，并溅到了周围旅客的鞋子上。

妈妈连忙走过去，将摔疼了的孩子扶了起来。这时孩子想要妈妈抱抱，妈妈却说："想要妈妈抱，就不能哭了哦！"孩子听了，乖乖地停止了哭泣。妈妈一手搂着孩子，一手从包里拿出纸巾和垃圾袋，然后对孩子说："你把地面弄脏了，我们得擦干净。"说完，将手中的纸巾和垃圾袋递给了孩子。

孩子很听话地擦起地面来，期间妈妈一直在旁边做辅助。擦干净地面后，妈妈很真诚地跟周围的乘客道了歉，最后才温柔地将孩子抱到了座位上。

整个过程中，这位妈妈没有居高临下地指责孩子，也没有粗暴地命令孩子去做什么。自始至终，妈妈都蹲在地上，保持和孩子一样的高度，心平气和地和孩子讲话，陪着孩子去做孩子该做的事情。在剩下的旅途中，孩子一直很听话地坐在自己的位置上，妈妈也没有再提孩子之前犯下的错误。

没有规矩的爱，就像一把刀，会伤了孩子，也会伤了自己。而没有爱的规矩，就像是枷锁，让孩子感受不到一点儿温暖。用爱的方式去给孩子立规则，孩子才能感受到规则是爱的一部分。真正的爱是有规矩的爱，真正的规矩是体现爱的规矩。

培养规则意识从家里开始

在工作当中，我经常会接触各种各样的家庭，也见识过亲子之间各种各样的关系。很多父母都会要求孩子在公众场合遵守规则，但是回了家就可以将规则抛之脑后。在这些父母的概念里，如果孩子在公众场合不遵守规则就会影响他人，这是缺乏教养的行为，但是回到家，面对的都是自己的家人，所以便可以适当地放肆一些。

这些父母普遍都会遇到一个问题，就是孩子有时候能够遵守规则，有时候就不能遵守规则。尤其是在家的时候，父母越是要他们小点儿声，他们就越是要大声喊叫，仿佛在示威一样。出现这种状况的原因，就在于孩子的规则意识只是表面的、不稳定的，只有在公众场合才需要表现出来的，没有成为孩子潜意识的一部分。希望孩子通过在公众场合养成规则意识，逐渐变得在家里也有规则意识的方式，属于本末倒置的方法。

朋友家里有一对双胞胎儿子，正是淘气的年龄。有一次我去她家做客，我们坐在客厅里说话，两个孩子在旁边玩闹的声音十分大，甚至我和朋友面对面坐着，都听不清对方在说些什么。

眼看朋友蹙着眉头就打算教训孩子了，我连忙提议去另一个房间说话。但是朋友却示意我就坐在沙发上，然后走到了两个孩子身边，对他们说："这里是客厅，是我们家的公共区域。现在我跟阿姨在谈话，你们俩的吵闹声影响到了我们，所以请你们小声一点儿。"

孩子们听了妈妈的话，立刻变得安静了很多。事后，朋友说，她希望孩子能够从小就学会尊重他人，公共意识需要从家里就培养起来。

家庭是孩子成长的根基，所有在家庭里形成的意识，才是根深蒂固的，并且会由内而外地散发出来。一个在家里就具备规则意识的孩子，他在外出时自然也会拥有规则意识。

这就意味着身为父母的我们，在家庭中的言行举止格外重要。有句话说得好，"父母是原件，孩子是复印件。想要复印件好，首先原件要好"。孩子拥有规则意识的前提，是父母先拥有规则意识。

之前收到过一个初中生的来信，在信中小女孩儿向我讲述了她的烦恼，那就是妈妈一点儿也不尊重她的隐私。自从上了初中后，小女孩儿养成了写日记的习惯，她将一些女孩子的小心思都写进日记。这本是她的秘密，但是她发现妈妈总是偷看她的日记，为此她感到很苦恼。在她跟妈妈沟通时，妈妈却说："我是你妈，有什么事还要瞒着我吗？"

且不说孩子有事能不能瞒着妈妈，单说这位妈妈的行为，就属于缺少规则意识的行为。如果我们总是跟孩子说，不要打探别人的隐私，也不要随便动别人的东西，但是在家里却丝毫不尊重孩子的隐私，随便动孩子的东西，那我们的说教还有任何意义吗？显然没有足够的说服力。

父母不但要从自身做起，率先建立起规则意识，还要起到引领的作用，主动遵守已建立起的规则。家庭，才是规则最好的启蒙地与养成所；父母，才是孩子建立规则意识最好的老师。

对孩子说不，不给孩子撒泼耍赖的机会

父母不会拒绝孩子，是导致孩子无法遵守规则的主要原因。因为一直以来孩子想要的东西太容易得到，孩子就会被宠坏，这让他们认为自己得到的一切都是应该的。在这种心理之下，孩子也会想当然地认为，他们所提的一切要求理应被满足。一旦得不到满足，孩子就会选择以哭闹的方式来对抗父母。无法对孩子说"不"的父母，在面对孩子哭闹时，似乎除了妥协别无他选。

之前曾看过一档亲子节目，节目中就有一个特别容易向孩子妥协的妈妈。

录制节目的时候，孩子正在感冒，却向妈妈提出了想吃冰激凌的请求。妈妈的第一反应是拒绝了女儿的请求。女儿见状，立刻躺在地上哭闹起来，任凭妈妈如何哄她，就是坚持要吃冰激凌。最终妈妈选择了妥协。

从孩子一系列的动作和反应上来看，哭闹这一招她已经运用

得轻车熟路了。可见，在以往的日子里，孩子就是通过这样的"手段"，让妈妈向她妥协的。在后来的采访中，妈妈也表示，只要孩子向她哭闹，她就一点儿办法也没有。

一哭就心软，一闹就妥协，这是很多父母的通病。孩子是非常聪明的，他们十分善于察言观色，会一点点试探父母的底线。如果父母这一次同意了，那么下一次他们就会继续撒泼耍赖，并且一次比一次花样儿多，逼得父母一而再再而三地退让下去。

亲子关系到了这一步就已经失衡了，父母变得越来越卑微，孩子变得越来越强势，在这种情况下，父母还怎么去教育孩子呢？我们要用拒绝将孩子试图撒泼打滚的念头直接扼杀在摇篮里。

曾经在超市看到过一位妈妈拒绝孩子的过程，十分值得我们借鉴。

当时母子俩正站在超市的玩具货架旁，孩子想要一个价格不菲的消防车。妈妈并没有立即就拒绝孩子，而是对孩子说："我们家有一个差不多的，这个不买了吧！"

"可是家里那个已经坏了，喷水管断了。"孩子皱着眉头说。

妈妈似乎很认真地思考了一下孩子的话，然后说道："这样好不好，妈妈觉得家里那个车虽然坏了一点点，但是还可以修好，我们回去先试着修一修。这部车呢，如果你真的喜欢，可以等你过生日的时候，作为礼物送给你，你觉得怎么样？"

孩子听了妈妈的话，眉头瞬间舒展开了，他拉着妈妈的手问："真的吗？我过生日就会送给我这辆车吗？"

"妈妈可以向你保证，如果到时候你还没有改变主意，那妈妈一定会送给你。"妈妈说道。

虽然孩子最后并没有买到玩具，但他离开的时候却是一脸的心满意足。

这位妈妈拒绝孩子的方式，可以说是堪比教科书了。往往直接的拒绝会引来孩子情绪的崩溃，或是孩子不依不饶的纠缠，但是换个方式，就能让孩子愉快地接受。这种方法尤其适用于孩子想要买什么东西，或是想要去哪里玩儿的情况。

孩子的成长必须有底线和边界，父母就要做坚守教育底线的那个人。一旦孩子触碰了底线，父母就要马上对孩子说"不"，让孩子明白什么是不该做的，这样孩子才能建立起规则意识，长大后分寸感也会更强，无论走到哪里，都会成为受欢迎的那个人。

计时隔离，给孩子心灵上的震动

在给孩子建立规则的时候，时常会遇到孩子不愿意遵守规则的情况。因为规则的本质就是约束孩子的行为，有约束就会有不适应，不适应就会反抗，这是十分正常的现象。

面对孩子的反抗，控制型的父母会选择"对抗"的方式，即越不愿意执行便越要逼着孩子执行；忽视型的父母会选择"妥协"的方式，即孩子不愿意执行便不执行了；还有一种讨好型的父母，会选择用"条件交换"的方式，即对孩子做出一些承诺，利诱孩子去执行。

这些方式或许会短暂地达到父母期待的效果，但却不是长久之计。一味地强制打压，只会让孩子像弹簧一样，父母压得越狠孩子反弹得就越高，并且还会让孩子对规则的抵触心理越来越强烈。而妥协则会让父母的威信在孩子心里大打折扣，下一次遇到同样的状况时，他们依旧会想办法让父母继续妥协。

最后的条件交换看似是"两全其美"的方法，但是父母却忽略了一点，孩子虽然没有任何情绪地执行了规则，但却不是真心地认可规则，而是基于一定的条件才愿意去执行，如果下一次没有了这个条件，孩子也就失去了执行的必要。而我们给孩子建立规则，是希望孩子能够自觉主动地去执行，而不是为了得到某个玩具，或是达到某种目的去执行。

在我给孩子建立规则的过程当中，尤其是在规则执行的初期，时常会遇到孩子不愿意执行的情况。他在反抗规则时，通常会经历三个阶段。

第一阶段，他会试探我的态度，看看我是否会妥协。如果我没有妥协，他就会进入"死缠烂打"的第二阶段，试图通过闹腾来"逼迫"我妥协。如果这一步仍旧无法达到目的，他就会进入最后的第三阶段爆发阶段，通过发脾气、哭闹的方式来"负隅顽抗"。

记得孩子刚刚上小学的时候，一时无法适应写作业这件事，每天放学后都想第一时间跑出去玩儿，而我则要求他必须写完作业再出去玩儿。

有一次孩子看到自己的好朋友在外面玩儿，便想要先出去玩儿再回来写作业。其实先写后玩儿，或者是先玩儿后写并没有多大的区别，但我认为规则一旦定下了，就不要做出更改，因为定规则最忌讳"朝令夕改"，这会令孩子无法重视规矩。于是我拒绝了他的请求，此时孩子已经钻进了牛角尖，非要出去玩儿不可，还因此哭闹了起来。

我也没能控制住自己的情绪，将问题上升到了"学习态度"的高度上。那一天，我与孩子之间产生了激烈的争执，我们谁也不肯妥协，最后陷入了僵局。

我既没能让孩子遵守规则，还严重影响了我们的亲子关系。孩子不但没有成功出去玩儿，还因此耽误了很多写作业的时间。可以说，我得到了一个两败俱伤的结果。当我冷静下来，才发觉当人的情绪十分激动时，根本听不进去别人的劝说。这时无论是大人还是孩子，都需要先冷静下来，而不是想着如何去说服对方。

当我第二次再遇到孩子激烈的反抗时，我没有发脾气，而是跟他说，希望他回到自己的房间，面对着墙思考一下"到底是先写完作业后轻松地玩？还是心里装着作业有负担地玩儿？"我对孩子说："5分钟之后，我们再继续交流。"在这段时间里，孩子完全处于独处的状态，他的身边没有电视，也没有玩具，除了面对着墙去思考，他什么也做不了。

5分钟之后，我们的情绪都平静了不少。更重要的是，孩子通过5分钟的"隔离期"，仔细分析了我说的话，最终他选择了写完作业再出去玩儿。

我们可以把这种方式叫作"计时隔离"，就是在规定的时间内，让孩子独自待在指定的地方，进行"面壁思过"。经过多次的试验，我发现这个方法既能避免父母和孩子之间出现正面的情绪冲突，又能让孩子自己将事情想明白，从而做到自觉遵守规则，可谓是一举两得的好方法。

孩子不守规则时，恰恰是建立规则的最佳时期

经常有家长问我："什么时候给孩子建立规则最好？"我的回答是："一个是越早越好，一个是在孩子不守规则的时候。"

之所以要尽早给孩子建立规则，是因为孩子长大以后性格和行为习惯会成为定势，那个时候再给孩子建立规则，一方面会比较难，一方面也会引起孩子更大的抵触心理。而在孩子不守规则时给孩子建立规则，则是根据孩子的心理特点来说的。

在养育孩子的过程中，父母会发现两岁以内的孩子十分听话，几乎是父母让做什么，就做什么。但是到了两岁以后，孩子会"画风突变"，从前的小天使变成一个小恶魔，不管做什么事情，都想要按照自己的思路去做，至于父母怎么说，他们并不想理会。

其实这是孩子进入了秩序敏感期，也可以称之为规则敏感期。进入两岁后，孩子内心的秩序感开始形成，这使得他们对于外在事物的秩序化有着强烈的欲望，具体表现为对物品摆放的位置、动作发生的顺序、人物的呈现状态、东西的所有权等，都有着十分严格的"要求"。

我的孩子在这个阶段时，我管他叫作家里的"纪律委员"。他十分热衷于"发手机"，当他发现我的手机放在卧室，而我人在客厅时，他就会"千里迢迢"将手机送到我手上，当我肯定他拿得对时，他就会感到很兴奋、很骄傲。而且他还不允许我们拿其他人的手机。有一次我妻子的手机没电了，用了一下我的手机，被孩子看到后，一边喊着："妈妈手机，妈妈手机。"一边粗暴地从他妈妈手中将手机夺了出来，并送还到我的手上。

还有一次，我们从外面回到家。因为我先进了门，我妻子后进了门，孩子就不愿意了，非让我们出去重新进屋。因为每次回家，都是他妈妈抱着他先进屋，而我拿着东西后进屋。突然之间换了进屋的顺序，他便不依不饶起来。

我身边有很多妈妈，面对两岁的孩子时感到十分焦虑，孩子突如其来的秩序感让他们以往的"规则"被打乱，他们想要教育孩子，却不知道该从何入手。实际上，孩子的不听话只是因为秩序出现了混乱，让他们感到不安和焦虑而已，有的孩子甚至会表现出极端的激烈反应。处在规则敏感期的孩子需要一个有秩序的环境来帮助他认识事物、熟悉环境，因此这是父母给孩子建立规则的大好时机。

我们可以想象一下，当我们去到一个完全陌生的异国他乡，面对着不熟悉的人群、听不懂的语言时，我们会是怎样一种状态呢？我们想要生活下去，就必须去探索这个世界的秩序、规则，并加上自身的理解，用自己的方式在生活中体现出自己了解到的秩序。

这种感受与孩子作为小婴儿来到这个世界上的感受是一样的，孩子也要经历一个从被动接受到主动了解，再到能够自主运用的阶段。两岁以后，孩子就进入了主动了解的阶段，这个时候我们就要给孩子建立一个有秩序的生活环境了。

在我的孩子进入到规则敏感期后，我便开始刻意培养他良好的生活习惯和安全意识。比如：睡觉前要刷牙，饭前便后要洗手，东西用完后放回到原位，爬高或是跳远时要经过大人的同意……对于两岁的孩子来说，最先建立的规则应该是生活习惯方面和安全意识方面的。等孩子再大一些时，就可以开始培养一些做起来难度系数更大的规则。

孩子的秩序敏感期通常要持续到四五岁左右，利用好这个阶段，能够让父母们在给孩子建立规则意识这件事情上，取得事半功倍的效果。

规则不是人云亦云，要符合自身特质

在这个世界上，没有两片完全相同的树叶，同样也没有两个完全相同的人，就算是双胞胎也仅仅是在外貌上相似，脾气性格则会有不同。这就意味着，没有一种规则是适用于所有孩子的，有的规则对别的孩子有效，对自己的孩子就未必奏效。

我们给孩子定规则，要根据孩子自身的特质来进行。因为孩子之间的差异很大，无论是气质还是性格，不同的家庭环境和不同的外界刺激，都会令孩子的意识和行为不一样。

在我认识的家长中，有不少家长属于"鸡娃式"家长，就是总是逼着孩子更好更强更优秀的家长。在这类家长眼中，只有别人家孩子的优秀和自家孩子的不足，所以别人家孩子正在做什么、学什么，那自己家的孩子也应该做什么和学什么。

之前有一位妈妈在提到自己家孩子的时候，一脸的不满，原因就是邻居家的孩子太过于优秀，将自己家孩子衬托得颜色全无。

邻居家的小女孩儿每天早晨 6 点起床早读，放学回来写完作业，还要再弹一个小时的钢琴。再看看自己家的小女孩儿，每天早晨不到上学时间不起床，放学回来写完作业就想出去疯跑，钢琴只有临到上钢琴课那天，才会临时抱佛脚地弹那么一小会儿。

　　在这样的对比下，这个妈妈就跟邻居取经，邻居轻描淡写地说："这是从小就定下的规则，孩子一直坚持，已经习惯了。"于是这位妈妈回家也给自己的女儿定下了这样的规矩，结果为了执行这个规矩，每天家里都是鸡飞狗跳，原本母慈子孝的关系，变成了"仇人相见分外眼红"。

　　"都是妈生的，怎么人家就能生出那么优秀的孩子，而我就生不出来呢？我比人家差在哪呢？"说完了自己的女儿后，这位妈妈郁闷地发出了这样的感叹。

孩子虽然都是妈妈生出来的，但是妈妈和妈妈不一样，孩子和孩子也必定会不一样。有的孩子外向活泼，有的孩子内向安静，有的孩子心思细腻、自尊心强，有的孩子粗枝大叶但耐挫能力强。我们可以简单地将孩子分为内向型和外向型两种。

内向型的孩子，很重视自己的小世界，做任何事情都会有很多顾虑。一旦在做某事时遭遇了失败，他们会感到大受打击。给内向型孩子建立规则时，父母需要理解孩子的敏感和脆弱，让孩子感受到足够的安全感，多鼓励多支持；给他们定的规矩，也不要太严苛，执行起来时最好具有一定的缓冲时间。

外向型的孩子，喜欢根据自己的喜好去做事，他们愿意去执行规矩，却不见得会做得很好。在给外向型孩子建立规则时，最好简单直接，切实可行，包括定规矩的言语，也要更加直接明了一些，这样才能更好地约束外向型的孩子。

只有适合自己孩子的规则，才是最好的规则。早在 2000 多年前，孔子就提出了"因材施教"的理论。每个孩子都是独一无二的，我们想要自己的孩子能够更好地遵守规则，就不能人云亦云，而是要根据孩子的特性"独家"制定规则。

第四章

培养习惯：帮孩子掌控生活

爱默生曾说："习惯不是最好的仆人，便是最坏的主人。"儿童教育学者告诉我们，一个人一生中所需要的重要习惯、倾向、态度多半在 6 岁以前可以培养成功，因此从小培养孩子的行为习惯，是非常重要的事情。

一个好习惯比一百种智慧更有力量

在工作中，我经常会接触到各种各样的小孩儿，我发现如果一个孩子拥有非常好的习惯，那么他的未来一定不可小觑。因为一个人的习惯影响着他的行为和选择，一旦习惯形成，他的一些行为就是某种意义上的条件反射。

我曾在马路上看到过这样一幕。

一个人带着一条狗过马路，遇到红绿灯时，人的动作比狗的动作快了一些，率先在红灯亮起时穿过了马路，而狗则晚了一步，面对着路对面的红灯，狗选择了停下。等人到了对面，才发现狗没有跟上来，再回头一看，狗正在对面等绿灯。人也没有着急，而是站在路边静静地等着，等到绿灯亮起时，狗才穿过了马路，与人会合。

或许有人会说，这只狗狗真聪明，能够像人一样遵守交通规则。其实仔细想想这件事，不是狗狗聪明，能够知晓交通规则，而是狗狗训练有素，已经形成了良好的习惯。它在看到红灯时停了下来，并不是它思考的结果，而是一种习惯的驱使。

狗是如此，人也应是如此，这就是父母要培养孩子形成良好习惯的原因。好习惯就像是存放在孩子神经系统中的道德资本，这个道德资本会不断增长，而孩子在整个一生中都在享受着它的利息。如果孩子没有养成良好的习惯，那么他的人生会就被坏习惯所填满，因为习惯的对立面还是习惯，不是养成好习惯，就会养成坏习惯。

可见，好习惯对孩子的一生起着尤其重要的作用。但好习惯是在很长一段时间内形成的，它不是一朝一夕的事情，需要孩子长久地坚持下去，只有日复一日的坚持，习惯才能够养成。就如美国著名教育家曼恩所说："习惯仿佛像一根缆绳，我们每天给它缠上一股新索。要不了多久，它就会变得牢不可破。"因此，想要孩子形成好习惯，就要从他孩童时期培养起来。

在 19 世纪的德国，出了一位著名的天才，名叫卡尔·威特。他八九岁时就能熟练运用 6 国语言，9 岁时上大学，14 岁时获得了哲学博士学位，16 岁时获得了法学博士学位，并成为柏林大学的法学教授。23 岁那年，他发表了《但丁的解读》一书，成为研究但丁的权威。

这样一个天才少年，曾在出生时被医生诊断为"痴呆儿"，但是卡尔·威特的父亲认为一个人最终能否有所成就，天赋起着一定的影响，但最重要的还是后天的教育。

所以卡尔·威特的父亲十分重视对卡尔·威特后天的培养，尤其是习惯的养成，更是其父亲培养的重点。其父亲还将习惯的培养写进了《卡尔·威特的教育》一书中。书中提到：一种好的习惯在孩子幼小时很容易形成，但在他们长大后就很难养成。反之，孩子如果在小时候就有很多不良习惯，长大后也难以改掉。

最终卡尔·威特从一个"痴呆儿"变成了一个天才，得益于他幼年时就养成的种种良好习惯，真正验证了那句"教育得当，普通的孩子也能成长为天才。教育不当，即使再大的天才也会被毁掉"。

世界上并没有那么多天才，我们大多数人都是平庸之辈，而有的人成为有价值的人，是因为他们从小便养成了良好的习惯，通过自身不断的努力，用习惯塑造出了独特的自我，最终获得了成功。

父母最应该帮助孩子养成的6个好习惯

一个好习惯的养成过程是不容易的，但好习惯一旦养成，将是孩子的终生财富，受用无穷。因此，父母要鼓励孩子坚持住，尤其是以下这6种习惯，父母一定要帮助孩子养成。

生活习惯：孩子茁壮成长的基础

拥有良好的生活习惯，对孩子来说益处多多，不仅对身体好，还可以让他们更加大方、勇敢、自在。如果孩子不能保持科学规律的作息习惯，就不能保证有充沛的精力参与白天的活动，这影响的是孩子的学习状况；如果孩子卫生习惯不好，饭前便后不习惯洗手，这影响的就是孩子自身的健康状况，同时也会影响与同伴之间的交往。

我的小孩儿在上幼儿园时，特别不喜欢挨着班里的一个小男生，因为那个小男生经常在课堂上抠鼻子，然后把抠出来的鼻屎蹭到小板凳上。到了夏天，这个小男孩儿也不爱洗澡，每次在外面活动回来，身上都会散发着阵阵异味。

一个在幼儿园任教多年的朋友曾经对我说，就算是老师知道要对所有的孩子一视同仁，但是仍旧会比较偏爱那些穿着干净利索，卫生习惯好的小朋友。

虽然看起来生活习惯都是微不足道的小事情，但是可以对孩子产生多方面的影响，所以我们要重视起对孩子生活习惯的培养。

给孩子订立生活习惯方面的规矩时，难的不是给孩子订立单个的规矩，而是怎么样让孩子把每一件事情都做到。我在培养孩子生活习惯的时候，用的是"表格奖励机制"，就是将孩子需要养成的好习惯罗列到一张表格中，然后在每一项习惯后面标上一段时间的日期，每天孩子完成了一项，就在当天的框框里画个"√"。如果孩子能够坚持一个星期，就会得到一项小奖励。这期间哪怕有一项没有做到，奖励就会取消。

对于年龄比较小、识字有困难的小孩子来说，父母可以将文字更换为图片，将孩子需要养成的生活习惯拍下来，或者是画出来贴在习惯表中，然后将表挂在孩子随处可见的地方，孩子只要看到图片，就知道自己每天该怎样做了。

这是个一举多得的方法，孩子可以很直观地看到自己每天该做些什么，同时可以帮孩子形成良好的生活习惯，最重要的是可以避免我们唠叨孩子对亲子关系产生的不良影响。

诚实习惯：别让孩子成为"狼来了"的主角

对于孩子说谎的问题，大部分父母都会选择绝不姑息的态度，一旦发现就会明令禁止。但是关于孩子说谎这件事，不能一棒子打死，因为孩子每个时期说谎的原因都不同，可分为无意识说谎和有意识说谎两种。

孩子的无意识说谎的行为，多发生在孩子刚学会说话，表达能力很弱，还无法将自己头脑中的想法与实际生活中的行为很好地结合起来时。比如：家里两岁的妹妹可能会向父母告状，说七岁的姐姐打她了，这时候父母就会生气地去指责姐姐。但实际上，姐姐可能只是不小心碰了她一下，再或者只是亲昵地捏了捏她的脸而已。孩子之所以会这样说，一来是她还分不清打和摸的具体区别，二来是她知道这样说会引起父母的关注，但从孩子本身而言，他们并不是故意在说谎。

针对这种情况，父母不必太过于在意。随着孩子年龄增长，孩子渐渐学会更加准确地表达自己。不过也不能完全放任不管，我们要在孩子表达有误的时候，及时纠正，并告诉孩子正确的表达方式。

除此之外的另一种说谎——有意识说谎，我们就不能姑息了。当孩子已经能够将内心的想法与实际中的行为完美地联系到一起时，孩子就能够很完整地叙述事实情况了。如果这个时候孩子撒谎，那么他们一定是"故意"的。

至于孩子为什么会撒谎？很大一部分原因是想要逃避责任，可能事情的后果是他们无法承受的，也可能他们认为会因此而受到责罚，出于"自保"的心态，孩子就会选择撒谎。

我家孩子在 6 岁左右的时候，叫了两个小伙伴来家里玩儿，三个孩子玩儿得不亦乐乎，将家里搞得一团糟。

第二天，我发现我的口红找不到了，便问孩子是否看到，孩子支吾着说他没有看到。但母亲的敏感度让我断定口红的失踪一定和他脱不了干系。果然，我在收拾家的时候，从孩子的床缝里找到了已经断掉的口红。

面对我找到的"证物"，孩子才吐露真相，他们想要画个大花脸，没有找到彩笔，就想用口红来代替，结果拧的时候太用力了，一下子就把口红给折断了。但是孩子怕被批评，就将口红藏了起来，他以为我永远不会发现。

那天，孩子被罚站了15分钟。我告诉他，做错了事情勇敢地承认，不会被责罚，但是如果撒谎骗人，那么一定会被责罚。从那次以后，孩子就再也不会用谎言来逃避责任了。

德国有句名言："生命不可能从谎言中开出灿烂的鲜花。"只有拥有诚实的品质，才能让一个人的生命之花开得更加鲜艳，也只有诚实，才能让孩子在今后的道路上越走越宽。

理财习惯：财商培养要趁早

在读《穷爸爸富爸爸》一书时，有一句话给我留下了深刻印象："即使你不教孩子金钱的知识，将来也有其他人取代你来教，这个人也许是债主，也许是奸商，也许是警察，也许是骗子。"

这句话揭示了一个非常现实的问题，那就是如何使用金钱也是一门学问，不懂这门学问，长大后要么过得穷困潦倒，要么为了钱不择手段，无论是哪一种，相信都不是父母愿意看到的情景。

这让我想到一个朋友，她家庭条件很好，但是父母对她管教却很严格，小的时候从来没有给过她零花钱。别的孩子拿着钱在小超市里购物时，她只能站在外面眼巴巴地看着。

她曾跟父母反抗过，但是父母却说："那些都是没用的东西，有用的东西一定给你买。"而有用的东西无非就是跟学习挂钩的东西。她从来没有自主选择的权利，生活和学习的必需品，父母会提早就给她准备好。

当这个朋友实现了财务自由后，她花钱开始大手大脚起来。在她家的门口，摆着堆积如山的快递盒。很多快递包裹买回来就没有拆开过，但是她仍旧不停地买买买，因为她不知道自己究竟需要什么，好像什么都需要，但是买回来又发现不是很需要。

有远见的父母，会在孩子很小的时候，就开始跟孩子谈钱，帮孩子建立起理财的观念。股神巴菲特在一次采访中被问到"孩子从几岁开始，父母应该和他们讲金钱和投资"，巴菲特的回答是"越早越好"。巴菲特很小的时候，就已经尝试着去做各种不同的兼职工作了，虽然赚的钱不多，但是到他高中毕业时，他已经攒下了 5000 美金。这就是理财能力的体现。

因此，父母要舍得让孩子"花钱"，这里的花钱指的不是任由孩子购物，而是舍得让孩子自己去支配金钱，不要怕孩子不懂得存钱。如果我们不给孩子这个权力，那么孩子永远学不会管钱。等到孩子长大一些，可以自己拥有零花钱的时候，我们就要给孩子做好规划，让孩子清楚自己的每一笔钱做了什么，钱是怎么从他手里消失的？而这种习惯会渐渐地让孩子忍住那些因为一时兴起而产生的不必要开销。

从小就学会理财和积攒，懂得如何支配金钱的孩子，也会懂得如何支配自己的人生。他们既明白节俭是美德而不是寒酸的表现，又能够合理支配自己的零花钱。在金钱面前，他们是主人而不是奴隶。

学习习惯：激发孩子的学习热情和学习兴趣

在中国，几乎没有父母不重视孩子的学习，但是我发现身边的很多家长却将主要精力放在了提高孩子的学习成绩上，却忽略了学习中更重要的一点，那就是学习习惯的培养。

为了让孩子更好地学习，父母为孩子制定了学习目标，做出了学习计划，以为准备好一切，孩子就一定能学好，实际上这样只会影响孩子养成良好的学习习惯。或许短时间内可以跑得很快，但绝对跑不远。

学习需要持久性，需要孩子有强烈的求知欲，对知识的学习有一种内在的渴望。如果仅仅是因为父母的约束和管教，那么一旦脱离了约束的环境，孩子就会感到茫然，因为他们的内心对知识没有渴求，学习只是在完成父母布置的任务而已。

可以说，孩子学习这件事，父母参与得越多，效果越不尽如人意。聪明的父母会培养孩子良好的学习习惯，自己只充当监督者和提醒人的角色，至于学习什么、怎么去学，都需要孩子自己去规划和掌控。

我曾接触过一位很牛的妈妈，之所以说她很牛，是因为她的两个孩子学习成绩都十分优秀，而她这个妈妈也当得十分轻松，从来没有因为学习问题跟孩子生气着急过。这就要得益于她从孩子上学那一天起，就开始培养孩子的学习习惯。

孩子上学以后，她教孩子的第一件事情，就是怎么制订学习目标和制订学习计划。起初是她和孩子一起商量着制订，等孩子差不多能够自己制订后，她就成为完全的监督者。当然在这此期间，孩子也有订好了计划却做不到的时候，对此她也不会生气着急，因为最终的成绩会提醒孩子做得还不够好。

当孩子向她求助时，她也不会因为孩子成绩下降了就批评孩子，而是耐心地跟孩子一起分析原因，然后将计划制订得更加周详。

孩子上小学的前两年是一个非常艰难的过程，因为她不但要担任管理者，还要承担协助者、引导者的角色，角色十分多元化，不但要以孩子的意愿为主，还要在此基础上考虑如何帮孩子实现得更好。大约孩子上了三年级后，她几乎就可以撒手不管了；到了四五年级，就算她很少过问孩子的学习状况，孩子也是稳坐年级第一名。

除此之外，孩子喜欢的兴趣课也从来不用她督促和监督，就可以完成得很好，可谓是羡煞了一众经常因为学习和孩子着急生气的妈妈们。

因为制定目标是自己想要达到的，制订的计划是自己想要去学的，所以孩子在完成自己订立的目标和计划时会更加主动和积极。当孩子进入一个良性的循环当中时，曾经的外部约束就已经内化成了内心的源动力，促使着他们想要去获得更多的知识。

作为父母，在孩子成长的儿童阶段注重激发其求知欲和学习兴趣，远比我们给孩子定下多么远大的学习目标，制订多么详尽的学习计划要有用得多。只有将这一切交给孩子，才能让他们更加自觉和主动。

一个没有好习惯的孩子，会败给自己内心的欲望，最终碌碌无为地度过一生。而习惯好的孩子可以把自己的时间安排得井井有条，不浪费一点儿时间，内驱力也更足。这个世界上不存在什么天生的学霸，所谓的学霸，不过都是好习惯的厚积薄发。

独立习惯：依赖成性的孩子永远没有自我

对于孩子来说，他们对这个世界充满了好奇与憧憬，并通过不断探索这个陌生的世界，来增长自己的见识。所以，孩子需要成长的空间。然而很多父母总是不放心让孩子独自去探索，大包大揽了孩子的一切，将孩子牢牢保护在自己的羽翼之下。

我家楼下住着一对夫妇，他们有一个长得很漂亮的小姑娘。但这个小姑娘不太爱说话，起初我以为是怕生的缘故，可后来我才发现与家长有关。

这对夫妇十分心疼女儿，不仅每天亲自接送女儿上学，放学后也跟孩子形影不离，生怕孩子会有什么闪失。父母本是关心，但是却剥夺了孩子自由成长的空间，孩子不论做什么事情都会被干涉。大到孩子该跟谁玩儿、不该跟谁玩儿，小到吃什么饭、喝什么水，父母都要插手。

在父母这样"无微不至"的管教之下，孩子十分胆怯，有时候想跟人打个招呼，还要看看身后的父母，父母点头后，她才敢与人说话。

如果家长不适时放手，永远把孩子保护在羽翼之下，不放心孩子做任何事情，最后只能让孩子变得畏首畏尾，还容易产生自卑心理。

不可否认的是，孩子在婴儿时期，确实需要得到父母无微不至的关怀和照顾，但是随着孩子的成长，他们在一步步离开父母的怀抱。如果我们害怕孩子摔倒，一直将孩子抱在怀里，那孩子什么时候才能学会走路呢?

当今社会竞争激烈,孩子将来想要拥有更好的生活,只依靠父母又能依靠到什么时候呢? 父母早晚有一天会老去,那个时候孩子该怎么办呢? 想要在这个竞争激烈的社会上生存下去,孩子必须具备生活技能和智慧。

作家阿尔伯特·哈伯德曾说:"当父母为孩子做太多时,孩子就不会为自己做太多。"如果父母是老鹰,孩子是小鹰,那么只有真正放手,给孩子最大的成长空间,孩子才能独立成长起来。

在一次踏青中,我看到一些父母带着孩子在公园里野餐。父母们在一旁忙碌,孩子们在一旁荡秋千。他们的规则是每人轮流玩5分钟。刚开始,每个孩子都十分自觉地按照规矩轮流荡秋千。后来,一个年龄较小的孩子大概是因为玩上了瘾,在规定玩耍的5分钟时间到了之后,他依然抓着秋千不放手。

看到这种情况,其他孩子不愿意了,一起表达了对秋千上小孩的不满。眼看双方都有要哭鼻子的迹象,一个大约8岁的男孩站出来说:"我们玩耍的规矩就是为了让大家遵守,如果你想多玩一会儿,就是破坏规矩,也是对大家的不公平。所以请你下来,耐心等待一会儿,马上就会轮到你了。"

这个孩子听了大哥哥说的话,仅仅是犹豫了一会儿,便把秋千让给了其他孩子。整个过程中,最让我佩服的不是那个在危机之时出来"主持公道"的小男孩儿,而是这几个孩子的父母。他们同样关注到了孩子们之间产生的矛盾,但是没有人站出来充当

"矛盾调停者"帮孩子们解决问题，而是冒着孩子们会打成一团的危险，让孩子们自己去解决问题。

孩子并不是我们想象中的那么孱弱，也比我们想象中的要聪明和智慧，他们有自我成长的权利，他们的人生应该自己完成，父母永远不能代替。父母放手越早，孩子的独立性越强，他们的未来也才会走得越稳。

礼貌习惯：品德修养要从娃娃抓起

俗话说："礼多人不怪。"礼貌是人际关系的桥梁，人与人之间的相处最重要的是互相尊重，你只有礼貌待人，他人才会礼貌待你。而对于一个不懂礼貌的孩子，世界就为他关上了一扇门。

我的孩子上钢琴课的机构，是一家主推一对一的机构，他们对老师的选拔制度十分有意思。孩子们可以自由选老师，课后对老师的教学做出评价。如果对这个老师不满意，就可以换另外一个老师。遇到自己十分满意的老师，就可以向机构申请固定老师上课。这意味着老师之间的竞争十分激烈，好老师也会十分抢手。经常没有学生选的老师，最后就会被机构淘汰。

我们之前遇到过的那个钢琴老师，据说是毕业于著名的音乐学府，专业水平十分高，所以刚开始的时候很多家长都会预约她的课程。但是后来预约她课程的学生越来越少了。我家孩子上过一节课后，我问他感觉怎么样，他回答说，老师教得挺好的，就是不爱搭理人。

这个问题我也发现了，通常家长都会在孩子下课后，向老师询问一下孩子的学习情况，但是这位老师对待家长的态度很冷淡，从来不愿意做过多的交流，更不要说见到家长时主动跟家长打招呼了。

大概半年后，我在机构里再也没有见到这位老师的身影，她因为好评不多，成为被淘汰掉的一员。

没有礼貌，只有一纸文凭和一身本领也难以在社会上真正立足。礼貌，是孩子走进这个世界的第一张通行证。古代教育家孔子在教育他的儿子孔鲤时，就说道"不学礼，无以立"，意思是说，不学会礼貌礼仪，就难以有立身之处。而一个懂礼貌的人，会给人留下道德品质高尚的印象，让他在这个世界中找到立足之点。

我十分喜欢住在我家隔壁单元的一个小女孩儿，因为这个小女孩儿太有礼貌了。每每碰到她时，她都会十分恭敬地与我打招呼。不仅如此，对待同一个小区里的其他人，只要是她认识的，她都会十分有礼貌地问好。一个经常到我们楼门前做保洁的大爷，她每次见了，也会甜甜地说一声："爷爷好。"后来我才知道，在整个小区里，喜欢这个小女孩儿的人不是一个两个，大家都十分喜欢她。

礼仪是我们中华民族的传统美德，从古至今源远流长，它能让一个人自觉地控制自己的言行，并使之符合道德行为的准则。一个懂礼貌的孩子无论走到哪里都会受欢迎，而一个受欢迎的人，走到哪里朋友就在哪里。

培养孩子好习惯的3个原则

为了培养孩子养成良好的习惯，每个家长都尽力去做到最好，在这个过程中，父母可以遵循以下 3 个原则。

尊重孩子的权利

在一次父母课堂过后，我们谈到了"尊重孩子"这个话题，有一位家长说出了她的担心，她认为孩子还小，给孩子那么多权利，孩子还怎么管呢？万一变得无法无天了怎么办呢？

有这种担心的家长，不妨思考一个问题：是一个懂得珍惜自己权利的人更容易教育？还是一个不珍惜自己权利的人更容易教育呢？答案显然是前者，道理就如同一个懂法的人不会轻易犯法，而一个不懂法的人才会藐视法律一样。

同时，父母的尊重就像是多米诺骨牌一样，一旦被推倒，就会引起一连串的连锁反应。一个得不到父母尊重的孩子，自尊心也会大打折扣，自尊心不强的孩子，对自己的约束能力也会下降。

因此，培养孩子良好习惯的首要原则，就是尊重孩子的各项权利。亲子之间，应在保持长幼有序的情况下，在人格上和孩子保持平等。当父母尊重孩子的权利，并引导孩子珍惜自己的权利时，真正有益的家庭教育才能开始。或许有家长会认为，孩子那么小，什么也不懂，给他权利又能如何呢？权利不是家长给不给的问题，是本身就存在的问题。

联合国《孩子权利公约》规定：孩子的人格、尊严受到国际、国家和地方各种法律法规的保护。从出生的那一刻起，孩子就已经成为一个独立的个体，并且是一个拥有权利的个体。孩子从来都不是父母的附属品，也不是长大了才需要得到父母的尊重，而是从生下来的那一刻起，就应该得到父母的尊重。

只有被父母尊重，孩子才可能获得自尊，并可能学会尊重别人。而自尊和尊重他人是成为一个具有健康人格的人的首要条件，也是孩子愿意养成良好的习惯，从而向着更加优秀的方向发展的重要因素。

激发孩子的动机

无论做任何事情，只有存在动机，人才能更加主动，养成良好的习惯也是如此。在孩子习惯养成的过程中，父母们经常会进入一个误区，那就是将习惯养成的过程变成了奴役儿童的过程，强迫孩子去接受和执行自己制定好的习惯。

原本孩子比较愿意去做的事情，但是在父母的高压管制之下，孩子的主动性便发挥不出来了。我身边有很多这样的父母就是采用这种强制的方式，每天逼迫孩子弹琴多长时间，看书多长时间，必须完成某些任务等。如果孩子想要进行自我管理，父母也不放心，认为孩子肯定做不到。导致孩子在习惯养成的过程中，一直处于比较被动的位置。

但孩子不可能一直处在父母的掌控之中，当父母没有条件管理孩子时，孩子也没学会管理自己和约束自己，那面临的结果自然是习惯培养失败。因此，我们千万不能将培养变成了一种从上到下的要求，而是要努力去激发孩子的主动需求。

好的养育，应该是父母教会孩子自我管理，想方设法调动孩子养成习惯的主动性，让孩子学会自我管理和自我约束。让孩子觉得养成这个习惯对自己有很大的帮助，从而自觉地想要养成这个习惯，这就需要父母多用一些心思，多尝试一些办法了。

营造有利的环境

有句俗语，说的是"学好三年，学坏三天"。意思是说，人想要学好需要漫长的时间，但想要往坏里学，需要的时间则很短。

同样，在培养孩子习惯时也是如此。好习惯不易养成，而坏习惯很容易养成。因为好习惯的养成是需要努力和自我克制的，而坏习惯则无须任何努力便可形成。

而助长坏习惯养成的因素中，环境占有很大的比例。人的成长脱离不开环境的制约，孩子的成长也时时刻刻受到环境的影响，孩子是否能够养成良好的习惯，环境起着一定的制约作用，包括家庭环境、学校环境以及社会环境。外界的诱惑不断地引诱着孩子心中的"坏心思"，如：歌厅、舞厅、游戏厅、台球室、网吧这些地方，孩子一旦进去，便很容易失去自控，不由自主地放弃好习惯。孩子必须靠意志去抗争，才能战胜这些诱惑。

因此，父母想要培养孩子的良好习惯，就要努力为孩子营造出便于习惯培养的环境。如：在孩子学习时，家长就尽量不要在家打麻将；在孩子写作业时，父母最好不要在旁边看电视；到了该睡觉的时间，就不要只要求孩子去睡觉，而自己依旧津津有味地刷着手机。

没有一个良好的环境，却要求孩子养成良好的习惯，这对孩子而言，是十分不公平的事情。想要孩子做到，父母首先要约束好自己的行为，有了榜样的力量，孩子再约束起自己来，自然也更加容易。

帮助孩子养成好习惯的4个有效方法

孩子养成一种习惯，就会逐渐被这种习惯所改变，从而成为更优秀的人。这里提供 4 个有效方法，帮助父母们培养孩子的良好习惯。

从优秀传统文化中汲取能量

自古以来，我国便有培养孩子良好习惯的传统。作为礼仪之邦，我国有着众多的优秀传统文化，其中规范礼仪占有十分大的比重，包括提升自我修养，尊老爱幼，尊师重道，谈吐高雅，举止文雅，待人合乎道德规范等诸多方面。

父母多带领孩子接触一些优秀的传统文化，对培养孩子良好的行为习惯有很大的帮助。如古人"鸡鸣而起"则对应了早睡早起的习惯；古人定时"洒扫"，则告诉幼儿要养成讲卫生的好习惯。

我家的孩子在上幼儿园时，就接触了清代李毓秀撰写的《弟子规》，闲暇时候，我经常和孩子一起诵读，孩子能从中学习到不少良好的行为习惯。

比如："长呼人，即代叫；人不在，己先到。"意思是说，如果听见年长者呼唤人，就应立即代他去传唤；如果年长者要找的人不在，自己要先到年长者那里去看看有什么事。还有"用人物，须明求；倘不问，即为偷"，意思是说，使用别人的东西，必须明确地提出请求，在征得别人的同意之后再用。假若不问一声就拿去用，这就是偷窃。

这些内容都能从很大程度上起到约束孩子行为的作用，让孩子养成良好的习惯，并且拥有崇高的思想品德。不过，需要父母注意的是，在一些传统文化中存在一些封建糟粕，我们在带领孩子诵读的时候，要懂得"留其精华，去其糟粕"。

除了诵读经典文化外，还可以带着孩子多参加一下传统文化活动。记得有一年的重阳节，学校组织孩子们去敬老院给老人们表演节目，老人们十分开心，纷纷拿出零食、小玩意儿等给孩子们。回到家后，孩子对我说，人上了年纪后会行动不便，需要子女的关怀和照顾，还说等我们老了以后，他一定会好好照顾我们。

中华文化中凝聚着中华民族自强不息的精神追求和历久弥新的精神财富，孩子多多接触，一定会对孩子的行为习惯产生潜移默化的影响。

言传身教，做孩子的榜样

所谓言传身教，就是用自己的实际行动和语言对子女进行直接或间接影响的一种教育方式，是家庭教育中的一种最重要、最经常的教育形式。为什么"言传身教"如此重要呢？我们先来看一项调查研究。

2018年，北京师范大学做了一项关于全国家庭教育状况的调查报道，报道显示：父母是孩子首选的偶像和榜样，这意味着我们希望孩子成为一个什么样的人，自己就先要成为那样的人。否则，父母费再多的口舌，也起不到任何作用。

曾有一个家长找我做咨询，因为孩子"手机瘾"太大了，他打也打了，骂也骂了，孩子就是改不了。后来我发现了孩子改不掉的原因，根本不在孩子身上，而是在家长身上。

当孩子坐在办公室里跟我聊天的时候，孩子的家长就坐在外面，隔着一层玻璃，我们清晰地看到家长一直在拿着手机看。孩子告诉我，其实手机也没有什么好玩儿，但是不玩儿手机他就觉得无聊，而他感到无聊的时候，正是父母看手机看得正起劲儿的时候。

事后孩子向我抱怨："为什么大人就可以熬夜玩手机，而自己只做一两件小事就要被骂呢？简直太不公平了。"

确实很不公平，父母都做不到的事情，凭什么要求孩子必须做到呢？这就是很多父母要求孩子晚上9点必须睡觉，早晨7点必须起床，孩子却做不到的原因。因为父母半夜十一二点还在看电视，早晨八九点了还在睡懒觉，孩子向谁去学习呢？

孔子曾说过："欲教子先正其身。"意思就是说：想要教育孩子做好，父母首先要做好。其身正，有令则行；其身不正，虽令不从。在孩子面前，父母的言谈举止，就犹如一本没有文字的教科书，父母教孩子怎样，孩子就会变成怎样的人；父母怎样做，孩子也会怎样做。因此，想要孩子养成良好的行为习惯，那么父母就要先养成良好的行为习惯。

坚持就是胜利

所谓习惯，指的是在长时期里逐渐养成的、一时不容改变的行为、倾向或社会风尚。从定义上看，习惯是需要经过反复和练习而巩固下来的思维模式和行为方式。这就意味着，想要养成一个良好的习惯，必须学会坚持。

前几年在网上流传着一幅漫画，相信很多人都看过。

漫画中有两个人在挖矿，其中一个人以为自己挖不到了，于是放弃了，其实他再往前挖一点儿，就能挖到了金矿了；而另一个人一直坚持着，终于挖到了金矿。

很多事情会功亏一篑，就是因为没能坚持下去。任何事情，在方向正确的情况下，都需要坚持下去，才能够得到自己想要的结果，培养习惯更是如此。

但孩子的天性决定了他们缺少持久力，再喜欢的玩具拿到手也顶多新鲜三天，更不要说日复一日地重复一个行为或是一件事了。当孩子无法坚持下去的时候，就需要父母来发挥作用了。

我在培养孩子卫生习惯时，就曾遇到孩子坚持到一半想要放弃的情况。在孩子刚刚接触刷牙的时候，她感觉很新鲜，每天刷牙都很主动，甚至一天会刷好多次。可是当她习惯了这个过程，便觉得刷牙是一件十分无聊又麻烦的事情了，时常找各种理由来逃避刷牙。为了让孩子继续坚持下去，我找了很多关于牙齿方面的绘本，让孩子知道如果不刷牙，牙齿里就会住进细菌，细菌会"吃掉"他的牙齿，让他的牙齿非常痛。

虽然那段时间孩子刷牙依旧是不情不愿的，但还是坚持了下来。现在刷牙已经成为她的习惯，如果不刷牙，她反而会觉得不舒服，甚至觉都睡不踏实。

任何事情想要成功，就离不开坚持。只有坚持下去，孩子才能由被动到主动再到自动地去做某事，好习惯才能真正养成。

建立正向反馈机制

所谓"正向反馈机制",就是父母要及时表扬和肯定孩子的行为习惯,只要孩子在养成习惯的过程中做得好,那么我们就要不吝啬自己的夸奖与肯定,及时对孩子的行为表现作出反馈。

曾经在网上看到过一个让人感到十分欢乐的新闻:

视频中的男孩儿因为期末考试成绩优秀,妈妈奖励他自由购物30秒。到了超市后,妈妈在一旁负责计时,而他可以在这30秒中,不受任何限制地在超市的零食区去买自己想要的东西。30秒过后,孩子已经装了满满一购物车的东西,然后兴高采烈地推着购物车跟着妈妈去结账了。

其实,孩子在做好一件事情,或是完成了父母给的任务时,他们的内心十分期待得到父母的肯定。如果没有立即得到来自父母的肯定,孩子就会感到失落,甚至产生"我做好了,妈妈也看不到"的想法,这将不利于他们将良好的行为持续下去。

我们想要孩子养成良好的习惯,就不要吝啬对孩子的肯定与夸奖。同时,夸赞的语言要具体,尽量避免用"真听话""好乖啊""真棒"这样笼统的词语来概括,一方面这样的表扬会显得很不走心,另一方面孩子无法得知自己究竟哪里做得好。最好是在夸奖中,直接明确告诉孩子哪里做得好、哪里做得棒,这样孩子就能够很清楚地知道自己努力的方向在哪里了。

第五章

管理情绪：让孩子远离失控

心理学家越来越有一个共识：孩子管理自己情绪的能力，是健康心理的重要组成部分。学会高效地管理情绪，可以为孩子以后的生活和工作带来很多优势。但是，面对孩子的各种情绪，父母也无须过分焦虑，只要平和地接纳，有策略地引导，就能帮助孩子学会管理情绪，远离情绪失控。

情绪没有好坏之分

提到"情绪",很多父母都认为这是成年人的专属。我曾听过很多父母抱怨,说家里的孩子脾气大、爱哭、动不动就大喊大叫……大部分父母把孩子的这些行为表现归结为不听话、难管教,却不会考虑孩子的情绪因素。

我相信很多家长都存在这样的误区,认为孩子小,根本没什么情绪问题,甚至拒绝孩子表达自己的情绪,当孩子哭闹时,认为这都是大人惯的,只要教训一顿就好了。其实这都是非常错误的做法。

儿童教育学研究指出:情绪管理是幼儿情商的核心能力,它主要包括情绪识别、情绪理解、情绪表达、情绪调节四种能力。如果孩子在 6 岁之前经常出现急躁、易怒、悲伤、焦虑、孤独、压抑等负面情绪,并且持续不断,将会在很大程度上影响他未来的身心健康和品格发展,甚至会对他的一生产生持久的负面影响。

有一位家长就曾跟我分享了这样一件事,她说她和先生平时很忙,女儿从小有什么不高兴、不开心的事情跟他们说时,他们忙起来可能就忽略了。渐渐地，她发现女儿变得越来越乖巧懂事，不管遇到多不开心的事，也不跟她哭闹。有时在学校受了委屈，或者跟小朋友闹了矛盾，也从不跟她说。她问起了，女儿就说："没事的，妈妈，你不用担心我，你好好忙你的工作吧。"

后来有一次，女儿在学校被几个小朋友推倒了，还被几个孩子打了几巴掌，但回家后仍然没有告诉爸爸妈妈，直到老师把这件事告诉她，她才知道女儿在学校遇到了这么严重的事。

这位妈妈问我：“我女儿的性格是不是太懦弱了？这样到底好不好呀？”

我告诉她：“这当然是不好的！这已经不是性格懦弱的问题了，而是她在强行压制自己的情绪。孩子这样做，一是因为你们的疏忽，二是她不会管理自己的情绪，不能让情绪有效疏导出来，所以一直憋在心里。不严重的话，孩子会一直感到很憋屈、很压抑；严重的话，以后就可能发展成为抑郁症。”

我们每个人都有情绪，如开心、发怒、生气、恐惧、忧伤、焦虑等，这些都是情绪的外在表现。对于成年人来说，我们可以通过一些有效的方法来疏解情绪，比如运动、唱歌等，不让情绪对我们产生太大影响。但孩子没有这样的能力，一旦产生情绪波动，要么是马上真实地表现出来，要么就是出于各种原因压抑自己。比如：爸爸妈妈觉得自己不应该有情绪，或者认为有情绪是不好的事情，或者就像案例中的女孩一样，觉得爸爸妈妈太忙，无暇顾及自己，自己不应该去给爸爸妈妈添麻烦。但是，这些都只能使孩子在表面上没有了情绪，其实情绪仍然压抑在他们内心里，孩子不知道如何宣泄出来，更不会管理。

人的情绪是与生俱来的，我们大人的情绪也都是从孩童时期就存在的。既然我们承认大人有情绪，为什么不能接受孩子也是有情绪的呢？而且情绪也并没有什么好坏之分，有些时候，即使不好的情绪，如愤怒、焦虑等，可能还会保护我们，给我们以抗议不公正的勇气或获取创造力的灵感。而我们认为好的情绪，如快乐、喜悦等，也可能带来不好的结果，否则为什么会有"乐极生悲"的成语呢？

通常来说，我们把情绪划分为正面情绪和负面情绪，不管是正面情绪还是负面情绪，都只代表了这些情绪带给我们的感受，是舒服还是不舒服。不舒服的，就是负面情绪，会提醒我们哪些事情要做出改变，这样才有机会学习如何应付、处理一些事情；舒服的，就是正面情绪，提醒我们可以保持当下的状态。

同样，情绪对于孩子来说也没有好坏之分，任何情绪都有它们各自的功能和进化适应的意义。只要是情绪，就都是正常的，负面情绪也不例外。只是当我们发现孩子有负面情绪时，我们立刻就不淡定了，希望他们快点忘记不愉快，变得快乐起来。但是，负面情绪不会因为压抑和控制而消失，只要没有疏解，它就会存在，而且强行的压制不但不会降低，反而会令其破坏力成倍增长，一旦找到宣泄口，就会决堤。所以，与其强行让孩子拒绝它、否认它、排斥它，倒不如引导孩子学会接纳它、疏导它、管理它。

我很喜欢和孩子一起看《头脑特工队》这部动画片，这部动画片最棒的地方，就是它把孩子的基本情绪都表现出来了。片子里有 5 种情绪，分别用 5 种颜色的小人来代表：紫色代表害怕，即"怕怕"；红色代表愤怒，即"怒怒"；黄色代表快乐，即"乐乐"；绿色代表厌恶，即"厌厌"；蓝色代表忧伤，即"忧忧"；这 5 个小人在大脑中打架，谁最厉害，人就表现出什么样的情绪。

比如，红色的小人"怒怒"获胜时，孩子就会表现出愤怒、不理智，甚至大喊大叫；孩子做错了事后会害怕，担心被爸爸妈妈惩罚，这就表示紫色的小人"怕怕"获胜了。

孩子的成长过程本身就会交织着各种各样的情绪，不管是快乐还是悲伤，都有它们存在的意义，缺少任何一种情绪，孩子的生命都是不完整的。所以，我们完全没必要去让孩子压抑情绪，而应该带着接纳、包容、理解的态度，面对孩子的每一种情绪。

4种基本情绪及其发展过程

我有一位朋友，在宝宝出生后一个多月时，给我发来一张照片，问："我发现别人家的小宝宝这么大时都乐呵呵的，怎么我家这个总喜欢皱眉头呢？"

我仔细看了看照片上的小家伙，确实皱着眉头，似乎不太愉快的样子。其实这是很正常的情况，小宝宝虽然没有忧愁，但也不是任何时候都乐呵呵的。我还让她平时观察一下，看看宝宝什么时候最喜欢皱眉头。后来她告诉我，一般在宝宝感受到外界刺激或不舒服时，就会皱眉头。我告诉她，其实这就是宝宝正常的情绪反应。

当时朋友感到十分难以置信，她不相信这么小的孩子，就已经拥有了情绪反应。实际上，孩子在刚出生时就已经有各种基本的情绪反应了，比如：舒服时会微笑，不舒服时就哭、皱眉头，表现出厌恶、痛苦的样子，我们也可以称这些为原始的情绪反应。之后随着大脑的不断发育，孩子的情绪反应也越来越多。

现代心理学认为，人类的基本情绪可以分为4类，分别为快乐、愤怒、悲哀和恐惧。从孩子出生起，这些情绪就开始不断发展了。到孩子1岁时，这4种基本情绪大概就能发展完成。具体来说，可以分为下面4个阶段：

第一个阶段：0~3个月

一般来说，孩子情绪发展的最初阶段，也就是最初的情绪，我们称其为全面唤起状态。这种情绪的出现，要么是被愉快的刺激所引发，要么是在躲避不愉快的刺激。

比如：宝宝从出生后到第三个月，主要的任务就是吃、睡、哭。在吃饱、睡醒的状态下，宝宝感到身体很舒服、很愉快，这些感觉就会刺激他产生愉悦的情绪，所以我们会发现，刚刚睡醒或吃饱的宝宝会朝我们发出"社会性微笑"，这种微笑是小婴儿在与父母的互动中后天习得的；有时，他们还会跟父母咿咿呀呀地"说话"。相反，当宝宝感到饿、冷、热、疼痛，或者拉了、尿了时，他就会用哭泣等不愉快的情绪来表达身体的不适，以引起大人的注意。

当然，这个时期宝宝的情绪是很容易安抚的，只要你给他喂喂奶，换换尿布，或者抱起来摇一摇，他感觉舒服了，坏情绪就会消失了。但有些哭闹则另当别论，比如：肠绞痛等疾病。

第二个阶段：3~6 个月

到 3 个月之后，大多数宝宝都学会了大笑，这也是宝宝对活跃刺激做出的一种反应，有时妈妈逗弄他、亲吻他，他就会发出"咯咯"的笑声，这表示他感觉很愉快。

但是，宝宝哭闹的时候也开始增多了，有时大人不肯抱他，他就会用哭声表达不满、生气的情绪，以引起大人的注意。

我的小孩在 5 个多月时，特别喜欢玩彩色的球，有一次我故意从他身边把球拿走，他一下子就大哭起来。然后我把球递给他，他就停止了哭声。但当我再次拿走球时，他又大哭起来。反复几次，最后我再把球给他时，他竟然推开不要了，只是趴在一边哭，这其实是在告诉我：他生气了。

第三个阶段：6~9 个月

在这个阶段，宝宝会出现一个明显的特征，就是认生了，我们把这种现象称为"陌生人焦虑"。当陌生人试图抱他时，他会感到恐惧和焦虑，还会向熟悉人的怀抱中躲藏。如果陌生人非要伸出手抱他的话，他就会用大哭来表达自己的恐惧和焦虑情绪。如果是敏感型的宝宝，这种情绪可能会持续到一两岁。

不过，如果是宝宝感觉熟悉和亲密的人，比如：爸爸妈妈，或者经常陪伴他的爷爷奶奶等，他就会表现出很开心的样子，会对着这些熟悉的人微笑甚至大笑。

同时，从6个多月起，宝宝也会逐渐表现出愤怒的情绪，尤其当你没有满足他的要求时，他可能就会大声喊叫，有时还会生气地扔东西。不少妈妈这时就会感到很纠结：宝宝这么爱发脾气怎么办？其实你大可不必焦虑，这是孩子情绪发展的正常阶段，孩子只是在尝试用各种不同的方式表达自己的情绪，但由于他还太小，不知道怎么表达更合适，所以就会表现出自己最自然的状态。这时我们要做的，就是慢慢引导孩子，让他学会怎样正确地表达情绪。

第四个阶段：9~12个月

当宝宝长到9个多月后，对大人说的很多话都能听懂了，这时如果你表扬了他，他会流露出开心甚至骄傲的小表情。当然，如果你批评他时，他也会流露出委屈、难过的情绪，有时还可能用动作行为来表达自己的不开心，比如：流眼泪、扔东西等。

这个时期的宝宝还会出现一个新的情绪，就是分离焦虑，在看到爸爸或妈妈穿衣服、穿鞋子准备出门时，就会伸手要抱，或者抱着爸爸妈妈不让走。因为这时宝宝的心里有很多的不确定：妈妈出去后，还会不会回来？是不是再也见不到妈妈了？由此心里就会产生强烈的不安，并用哭闹、求抱来表达。有些妈妈会因此烦恼不已，认为宝宝太黏人。其实我们应该为宝宝表现出来的情绪感到高兴，因为这说明宝宝的大脑和情感已经发展得越来越丰富了，能够意识到要发生什么。

随着认知能力的发展和经验的丰富，宝宝也能慢慢分辨出什么人、什么事是危险或不利的，什么人、什么事是不必害怕的，所以到12个月左右时，很多宝宝的"认生"现象会逐渐减弱，由此带来的害怕情绪也会慢慢消失。

总而言之，儿童基本情绪及其发展是一个逐渐复杂化和精细化的过程。我们只有了解了孩子情绪的发展过程，才能读懂孩子各种情绪背后的真实需求，也才能帮助孩子更好地管理自己的情绪。

读懂孩子情绪背后的真实需求

现在，不管是在电视新闻里，还是在我们的身边，随处都可以看到"熊孩子们"兴风作浪，动不动就哭闹、大发雷霆，甚至出现攻击行为。我相信很多家长都有这样的感觉：孩子乖时简直就是天使下凡；可一上来情绪，立刻恶魔附身，不分场合、不分地点地闹，讲道理不听，来硬的又心疼，真不知道该怎么办才好。

有些家长可能会在网上或一些书籍中看到，说孩子闹情绪是因为需求没有得到满足，所以孩子只要闹情绪，就一味地满足孩子，孩子要什么就给什么。结果呢？孩子不但没有因此而变得更温和，反而可能变本加厉。也有些家长属于暴脾气，信奉"棍棒下面出孝子"的老理儿，孩子一闹情绪，立刻对孩子大吼大叫，非打即骂。

孩子的这些情况都很令人崩溃。到底我们该怎么做，才能让孩子不闹情绪呢？

其实，面对情绪失控的孩子，最好的解决办法既不是无条件地满足他的要求，也不是训斥、责骂他，而是先控制家长自己的情绪，让自己的情绪平稳下来，再去探寻孩子情绪背后的心理动机和真实需求。因为对于任何人来说，情绪都是一种客观存在，满足和训斥都不会让它消失，而且这些情绪积聚在孩子身体里，还会越积越多。一些处理不当的方法，反而会让孩子变得更加情绪化，甚至演变出一些不得当的"问题行为"。

真正能解决孩子的情绪问题，让孩子远离情绪失控的方法，就是先弄清楚孩子为什么会这样，才能知道该怎样帮助孩子解决情绪问题。

前几天，路过我们小区的游乐场时，我看到了这样的一幕：一位妈妈带着两个孩子在沙堆里挖沙子玩。大宝看起来四五岁的样子，推着一个小车，上面装满了沙子，边推边说："快让让，快让让。"看起来 1 岁多的二宝听到哥哥的话，往旁边挪了挪，可仍然没挪出太大的位置。大宝的推土车过来时，一下子把二宝撞倒了。二宝马上大哭起来，大宝愣在一旁，不知所措。

这时妈妈听到哭声，忙从旁边赶过来，抱起大哭的二宝，同时大声训斥大宝："你怎么又把他弄哭啦？"大宝突然变得愤怒起来，大声喊道："又怪我！我都叫他让开了！他天天就知道哭哭哭，烦死啦！"

妈妈听了大宝的话，非常生气，过去就推了大宝一把，大宝也开始号啕大哭起来，场面一度失控。

游乐场周围的人纷纷看向这母子三人，在外人看来，这就是小孩子间的打打闹闹，但我看到的并不仅仅是打闹，而是妈妈没有处理好两个孩子的情绪。

对于二宝来说，他只是被哥哥推倒了，才会不开心，但并不懂得责怪哥哥，而妈妈却把这件事上升到大宝欺负弟弟，把弟弟弄哭了的高度。与此同时，妈妈也没看到大宝情绪背后的需求，上来就责骂大宝，结果激化了孩子间的矛盾。

那么，孩子不同情绪的背后，一般都隐藏着什么样的内心需求呢?

愤怒、发脾气：向父母求助

对于年幼的孩子来说，由于他们大脑中负责控制情绪的海马体尚未发育成熟，所以对情绪的处理还处于起步阶段。一旦有情绪出现，几乎不经过任何过滤，这些情绪就会直接从脑部管理情绪的边缘体杏仁核传递到大脑皮层，随后剧烈地表现出来。所以你会发现，孩子的情绪表现往往比成人更加强烈。比如：他们想要拿一样东西、想要做一件事，但可能拿不到，或者没做成，于是就又哭又闹，感觉天都要塌下来一样，这其实就是他们在发泄自己强烈的愤怒情绪。而每一次发泄情绪的背后，都是在向家长求助，此时也是家长该"出马"，引导孩子正确表达自己的情绪和需求的时候。

哭闹：恐惧和寻求关注

很多妈妈发现，孩子在刚刚进入幼儿园时，经常会哭闹一段时间，即使是放学后回到家，也会特别"玻璃心"，动不动就哭闹不止。这其实是孩子在表达自己的恐惧情绪。

有研究发现，50%的孩子都有幼儿园恐惧症，就像英国儿童心理学家安吉拉·克利福德·波士顿说过的那样："上幼儿园对孩子的生活来说，看起来是如此普通和平常，以至于成年人很容易忘记这段经历会对孩子们造成多么强烈的影响。"要知道，从温馨的家庭走向一个陌生的环境，这种转变简直就像我们成年人经历一次丛林大冒险一样，而孩子要喜欢上幼儿园，就必须"冒险"成功。

所以，这样的经历让孩子感到非常恐惧，但他们又不知道该用什么更恰当的方法表达自己的这种情绪，所以就会通过哭闹来缓解自己的恐惧情绪，同时获得家人更多的关注。

焦虑：寻求安全感

有些孩子会突然出现一些退行性行为，比如：明明早已不尿床的孩子，突然开始尿床；已经五六岁的孩子，突然变得像小婴儿一样，不停地黏着妈妈，跟妈妈撒娇。如果妈妈说孩子几句，孩子马上就憋起嘴，开启委屈巴巴的哭泣模式。

这些退行性行为其实都是孩子情绪焦虑的表现，究其根源，可能与父母的情绪问题、弟弟妹妹的降生、抚养人或环境的改变等有关，让孩子失去了安全感。

一位妈妈就曾经向我咨询，说她7岁的孩子突然开始尿床，妈妈生气地揍了孩子一顿，却丝毫没起作用，孩子照尿不误。后来经过沟通我了解到，在半年前，这位妈妈刚刚生了二宝，而那段时间刚好又是大宝步入小学一年级。突如其来的两大变化，让孩子一时之间无法应付，焦虑情绪便产生了。

由此可见，在很多时候，我们只看到孩子表现出来的不好的情绪，却不愿意深究原因。其实如果我们冷静下来，认真分析，积极理解孩子这些情绪背后的真实需求，就能知道孩子为什么会产生这些行为和这些情绪了。这时再针对孩子的需求去对症解决问题，才能从根源上帮助孩子管理自己的情绪。当我们让孩子感觉到自己的情绪或需求被父母理解和接纳后，再加上适当的引导，久而久之，孩子就能懂得如何运用恰当的方法来表达情绪了。

接纳孩子的情绪，是改变的开始

我有一位朋友，她家小孩在家里简直就是小霸王，要星星，家里人不敢给摘月亮。但奇怪的是，只要一进幼儿园，小孩立刻就像孙悟空被戴上了紧箍咒，一点儿也不撒泼耍赖，吃饭睡觉都规规矩矩。

对此，朋友简直哭笑不得，跟我说："你说老师怎么有这么大的魔力？为什么他能听老师的话，就不愿意听家长的话呢？"

这个问题，可能是天下所有家长都感到困惑的一个问题。对此我们可能忽略了：虽然老师在孩子的成长过程中占据重要位置，但家长才是孩子的第一任老师，也是陪伴孩子时间最长的人，与其感慨为什么孩子只听老师的，倒不如换个角度想想，为什么孩子只愿意听老师的？

孩子最早是在家庭中学习情绪管理的，家长与孩子交流的方式，既可以传递情绪信息，也可以用来应对引发情绪环境的行为，所以，孩子与他人的关系，也决定了他们的情绪社会化发展的方式和程度。

孩子与家人之间，尤其与妈妈之间是有依恋关系的，妈妈处理孩子情绪表达时的敏感性可以促进安全型依恋关系的形成，而敏感性低则会造成不安全的依恋。二者相比，有安全依恋关系的孩子更容易发展出不同的情绪调节策略。如果孩子生活在和睦温馨的家庭中，从小各种要求能得到家人的支持和满足，那么他与家人之间，特别是和妈妈之间，就能建立起安全的依恋关系。在这一前提下，孩子在家人面前就会直接表达自己的情绪，高兴也好，生气也罢，都会直接表达出来，因为他知道，自己表达的情绪是可以得到家人的接纳和理解的。

老师不是孩子的家人，那么孩子对于老师情绪的捕捉，就都依赖于自己对情绪的思考。当他发现老师有不满时，就会采取行动，以求获得老师的认可。所以，同一个孩子在老师和家长面前往往会表现出不同的行为。

此外，孩子之所以愿意听老师的话，还因为老师能始终保持一种态度和情绪对待孩子。简单来说，老师能够接纳孩子的情绪，并且会有原则地对待孩子，这种原则不会因为客观环境和条件的改变而改变，对待孩子所秉承的原则往往是"严而不厉，爱而不溺"。

但反观一些家长，在教育孩子时很容易情绪化：高兴时，孩子怎么闹腾都可以；不高兴时，孩子怎么做都不满意。这种教育方式的偏差，就会让孩子不知所措，无所适从，也不知道怎样处理自己的情绪。

经常有家长跟我咨询有关孩子的问题，问我该怎样和孩子沟通。在这些家长看来，孩子跟老师、同学、朋友相处起来都没问题，唯独跟自己相处时沟通困难。问题出在哪里呢？如果从家长身上找原因，我们就应该反思一下：我们真的用心接纳过孩子吗？想想我们的一言一行，想想每天对孩子说得最多的话是什么？"作业写完了吗？""考试考了多少分啊？""怎么又看上电视了？""这道题怎么又错了？上次老师不是讲过了吗？""就你这成绩，还想考重点？"……

这些话是不是很熟悉？这些当年父母说给我们的、被我们当成耳边风的话，今天我们悉数给了孩子。回想一下我们自己当年的感受，从父母的这些话语中，我们能感受到接纳和理解吗？

所以说，不要怪孩子不听话。我们在意的是什么，传达的是什么，孩子就会接收到什么。如果想与孩子和谐相处，让孩子学会正确地处理自己的情绪，我们首先要做个合格的家长。

学会与孩子共情

与孩子共情，就是能够站在孩子的角度考虑问题，从孩子的感受出发，理解孩子的感受，接纳孩子的情绪，并且帮助孩子把自己的想法表达出来。这样，我们才能帮助孩子认识自己的情绪，这对于他们以后学会控制自己的情绪具有很大的帮助。

比如：孩子今天回来跟你说："今天的考试题目好难呀，考得我头疼！"如果你的回答是："妈妈相信你，你肯定没问题。"或者是："觉得难，还不是因为你自己没好好复习！"这样的对话就不是在与孩子共情，接下来你们的沟通也不可能顺畅。

孩子想要表达的，其实是他在考试中遇到了困难，心里有些失落，他希望妈妈看到自己内心深处的无助和沮丧，而你说"我相信你"或者"你自己没好好复习"，都完全没有体会到孩子的情绪，也没有理解孩子失落的心情，这就会令孩子产生不被理解的感受，甚至会产生无能感和愤怒感。

但是，如果你这样对孩子说："你们最近的考试题好像都比较难，连我这个曾经的高才生看了都打怵。你先好好休息一下，回头我们再慢慢想办法。"

这就与孩子形成了共情，孩子也能感受到自己的无助、沮丧的情绪被妈妈看到并接纳了，心中的失落感也会减少，并且也愿意开口向你说出自己更多的感受和想法，甚至还可能由此激发起更大的学习动力来。

做好孩子的榜样

有句话是这样说的：一流的家长做榜样，二流的家长做教练，三流的家长做保姆。

我经常遇到一些家长，他们会把自己完不成的事情强加在孩子身上，还要求孩子必须做到最好，否则就在孩子面前表现出失望、不满、恨铁不成钢等情绪。

都说孩子是看着家长的背影长大的，家长的一言一行、一举一动，都会给孩子带来深远的影响。家长的性格、情绪，为人处世的方式等，也都会成为孩子生活和学习的模板。如果你没有给孩子树立一个良好的情绪榜样，经常暴躁、易怒，乱发脾气，却要求孩子性格平和，情绪稳定，那就像你要在沙漠中培育出一朵莲花一样，毫无可能。

心理学上有一个名词，叫作"强迫性重复"，意思是说，人们在成长过程中，似乎都在有意无意间重复家长的行为模式。比如：有些小时候遭受家庭暴力的孩子，长大后也可能对自己的孩子施加暴力；如果家长非常情绪化，孩子长大后也会缺乏对自己情绪控制的能力，经常表现出失控的状态。

孩子最初的情绪来源就是家长，家长表达情绪的方法，很容易被孩子模仿和学习。所以，要想让孩子学会管理情绪，家长就必须先具备良好的情绪管理能力，然后再学着去接纳孩子的情绪，帮助孩子正确地表达情绪，从而对孩子产生一种内在和外在的影响力，使孩子更具幸福感和安全感。

帮助孩子管理情绪的3个有效方法

帮助孩子管理情绪，是家长需要特别学习的一门功课。以前我们小时候闹情绪时，可能会被爸爸妈妈训斥一顿，但会马上跑出去劳动，或者漫山遍野地跑一通，负面情绪就能发泄掉一大半了。但现在的孩子整天关在房间里，没有发泄情绪的通道，如果再不会管理和调整自己的情绪，心里积压太多的负面情绪，很容易出问题。

心理治疗大师萨提亚女士通过大量的观察研究发现，家长对于孩子力量的掌握、知识的学习等通常都很有耐心，比如：会一遍一遍地教孩子如何学习走路，一遍一遍地教孩子如何吃饭，即使失败了，也会引导孩子反复练习；但对于孩子情绪的关注，却很少有耐心。

这可能源于家长的一个错误认知，认为孩子有负面情绪是不好的。曾经有一位妈妈就跟我说："我家孩子心眼儿特别小，爱生气，动不动就生气、闹情绪。跟他一起玩的几个小伙伴都大大方方的，每次都玩得特别和谐，就他，老别别扭扭的，跟他讲道理也不听。我都不知道怎么教育他，感觉自己教育孩子特别失败。"

如前文所述，情绪是没有好坏、对错之分的，即使我们把情绪划分成"正面情绪"和"负面情绪"，也只是代表情绪带给我们的感受，并不表示"正面情绪"就是好的、对的，而"负面情绪"就是坏的、错的。

但是，很多家长在面对孩子的情绪时，想着的就是如何马上解决问题。比如，孩子因发脾气而扔东西时，你会大声斥责孩子："乱发脾气、乱扔东西是不对的！"

孩子不小心把冰激凌掉在地上了，号啕大哭，你试图劝解孩子："没关系的，一会儿再给你买一个就好啦，不要哭了！"

孩子犯了错，你大声批评他："跟你说过多少次了，竟然还犯同样的错，你没有记性吗！"

……

但是，这些沟通方式并不奏效，问题不但没有得到解决，反而还会加重孩子的情绪，导致孩子要么退缩逃避，要么直接反抗，要么和没听见一样。而孩子的这些反应可能会再次激怒你，让你接下来对他大吼大叫，或者威胁、惩罚他们，导致情绪一直积压在孩子心里。

实际上，我们在遇到这些情况时，最重要的不是马上解决问题，而是先帮助孩子理清情绪，确认他们的感受，然后再帮助孩子处理他们的情绪，增强他们的情绪调节能力。

美国积极心理学家丹尼尔·西格尔的《全脑教育法》一书指出：不管是成人还是孩子，当情绪泛滥得不可收拾时，根源其实是我们的右脑和上层大脑出了问题。我们知道，右脑主要负责情感和非语言信息的传达，而上层大脑主要负责分析各种问题，当孩子闹情绪、发脾气时，往往是他的右脑正在占据主导地位，再加上他的上层大脑尚未发育完全，在这种情况下，你试图给孩子讲道理，或直接纠正孩子的行为，结果一定会失望。

那么，我们该怎样帮助孩子管理情绪呢？

在教育孩子之前，先厘清自己的情绪

不管孩子因为什么闹情绪，我们首先要做的，是厘清家长自己的情绪，不要让自己的情绪左右孩子的情绪。所以，此时最有效的方法是先让自己冷静下来，接纳孩子的情绪，再向孩子表达你对他的理解。

比如：耐心地对孩子说："我知道你现在很生气……""我理解，

你现在肯定很伤心……""我明白了，你现在真的很难过……"看似是一句简单的话，对于正处于情绪混乱状态的孩子来说，却能让他们感受到爸爸妈妈对自己的理解和认同，情绪也会逐渐平息。在孩子平静下来之后，你再跟孩子去沟通问题，就会容易很多。

有一个周末，我在看书，孩子跟他爸爸在一旁下棋。忽然，孩子跑过来，大声跟我说："妈妈，爸爸好讨厌！"

我看了看他，发现他有些生气，就问他："你看起来有些生气，发生了什么事？"

他说："爸爸跟我下棋，非说我耍赖，但我根本没有！"

我点了点头，说："哦，原来是这样啊！"

孩子又说："我只是看错了位置，把棋子放错了，我想改过来，这并不算悔棋，但是爸爸不让，说我这样是耍赖！"

我说："嗯，听起来你确实不是有意的。"

孩子又顿了顿，说："不过我们确实提前说好了，落下的棋子不能更改。就这样吧，下次我再看清楚点，我再去跟爸爸下一盘！"

说完，他又蹦蹦跳跳地过去下棋了。

在这个过程中，我并没有说太多，也没有跟他讲大道理，但我却表示了对他的情绪的理解和接纳，结果还没等我给他讲道理呢，他就自己调整好自己的状态了。

引导孩子正确地表达自己的情绪

孩子的任何情绪都是正常的，但有些表达方式却不恰当，比如：大喊大叫、骂人、摔东西、说脏话等。这些表达方式可能会让孩子的情绪暂时发泄出去，但却不能很好地解决问题。所以，当我们发现孩子有情绪后，要引导他正确地把自己的情绪表达出来，这样才能获得别人的理解和帮助。

比如：孩子的玩具被其他孩子抢走了，孩子很生气，这时我们就可以引导孩子说出自己的需求："你可以跟小朋友说，请你把玩具还给我。""你可以对爸爸妈妈说，请你帮我把玩具拿回来。"

当然，孩子比较小时，可能不会很好地处理问题和情绪，这时我们也可以跟孩子一起看一些讲情绪的绘本或故事书，帮助孩子了解情绪的表现。比如告诉孩子，生气就是"你脸红，挥拳头"，伤心就是"流眼泪"……慢慢帮孩子学会用语言来表达情绪。

同时，我们也可以教孩子学会用语言表达自己的需求，把自己内心的情绪和想法说出来。经常这样引导孩子，即使孩子遇到困难，也会慢慢学会控制自己的情绪，并用更合适的方式来管理情绪，减少发脾气、攻击等行为。

善用情绪管理表

现在，心理学界越来越有一个共识：孩子管理自我情绪的能力，是心理健康的重要组成部分。学会管理自己的情绪，也会给孩子以后的生活和工作带来很多优势。

但是，要帮助孩子学会情绪管理并不是一蹴而就的事情，需要我们非常有耐心地引导孩子，在必要的时候，还可以和孩子一起制订一个情绪管理表，把情绪管理融入日常生活之中，帮助孩子识别情绪、管理情绪。

我们知道，一个习惯的养成，平均需要 21 天，所以我们可以和孩子制订一份"21 天情绪管理表"，帮助孩子记录和管理自己的情绪。当然，我们也可以让孩子一起来记录我们的情绪，每天记录打卡，和孩子一起学习情绪管理。在每个月的月底，我们也可以和孩子一起总结一下：自己这个月哪些天对情绪管理做得很好，当时发生了什么事情，自己的想法是什么，等等，从而学会了解各种行为背后的动机，再用更合理的方式表达情绪，解决问题，远离情绪失控。

（如下表）

21天情绪管理表

情绪 天数	家长·孩子			孩子·家长		
	高兴表情 （图）	生气 表情	伤心哭泣 表情	高兴表情 （图）	生气 表情	伤心哭泣 表情
1						
2						
3						
4						
5						
6						
7						
8						
9						
10						
11						
12						
13						
14						
15						
16						
17						
18						
19						
20						
21						

第六章

塑造能力：打造孩子的核心优势

———————————————————————

　　一个孩子能力的高低影响着他未来取得成就的多少，而能力的培养更是要在低幼阶段抓起，比如：创造力与想象力，自控、复原、思考、社交、合作、观察能力及好奇心的培养，都需要家长在日常养育孩子的过程中，及时参与进来。

创造力与想象力：点亮孩子的智慧源泉

创造力与想象力是人类智慧的源泉，从远古时代到现代文明，人类的一切发展和进步无不是通过无限的创造力和丰富的想象力推动而成。因此，积极培养和保护好孩子的创造力和想象力，这对孩子的成长意义重大。

我们先来说一说创造力。

一般来讲，孩子在 3~6 岁这个区间内，所表现出的探索精神最强，他们对周遭的一切事物都充满了好奇心，无时无刻不想把所能接触到的东西破坏或重组：他们乐此不疲地把盛开的花朵揪下来，把滴答响的闹钟拆开来，把雪白的面粉铺满地板，把妈妈的口红涂到小狗的嘴巴上……于是，为了制止孩子继续搞破坏，有些父母开始以恐吓、打骂的方式予以严格约束，再将孩子努力打造成为一个爱干净、肯听话的乖孩子时，由此，也将孩子的创造力和好奇心同时打击殆尽。

当然，也有一些"负责任"的家长，迫切希望孩子能够按照标准程序进行操作。比如：有的父母给孩子买了新玩具，当孩子兴致勃勃地摆弄来摆弄去时，父母站出来小心提醒道："这个玩具有它固定的玩法，不能瞎弄，我来给你做示范！"孩子睁大了眼睛，看着父母从头到尾演示了一遍，终于懂得了这个玩具的标准玩法，只是最初的那股兴奋劲儿却不见了。

玩具有"标准"玩法吗？孩子对感兴趣的玩具进行探索，是他们与生俱来的能力。在这个探索的过程中，孩子能够积累宝贵的经验，掌握一些事物的规则，这本身就是创造力的发挥过程。而家长对孩子初期的探索就给予了固定模板的限制，显然是在扼杀孩子的创造力。

创造力是指一个人在实际学习和工作中，能够运用独特的思路和方法找到问题的答案和解决问题的途径。如果父母能够在孩子3~6岁期间培育、保护好孩子的这份珍贵的创造力发轫期，则他的一生都将受益无穷。不过，即使错过了这个宝贵的黄金培养时期，在今后积极做好孩子的创造力培养，仍然为时不晚。

由此，在日常生活中，建议父母从如下几个方面入手：

鼓励孩子敢于与众不同

人云亦云的孩子很多，这是缺乏独立思维和创造性的表现，这与家长的打压和不正确的引导有直接关系。因此，要多鼓励孩子敢于表达不同观点和做法，尤其当孩子因为所思所为与他人产生极大不同时，家长更要大胆鼓励，像尊重一个成年人那样去尊重他的不同。

多使用开放式的提问

在与孩子沟通时，多用开放式的提问来进行。如："你觉得这张 A4 纸除了写字还有什么用处呢？""如果你和妈妈在广场走散了，你会怎么做？""你的小伙伴今天没有来赴约，你想想他为什么会这样呢？"等等，经常性地这样提问，就会让孩子在遇到新的状况时，从多个角度考虑问题，遇到新的事物，也会想到它的用途的多面性。

促进孩子动手操作和想象创造

俗话说，心灵手巧。有心理学研究成果表明，手指的活动可以大大刺激大脑皮层中的手指运动中枢，继而激发大脑里存在的一些富有创造性的区域。因此，多给孩子提供可供活动和创造的空间及各类型材料，如纸张、木块、布料、色泽鲜艳的彩带等，让孩子自由发挥，随意创造。

词汇游戏

在睡觉前、接送孩子上幼儿园的路上以及周六日闲暇的时间里，可以和孩子玩词汇的游戏，如你说一个"蓝"字，让孩子自由去组与"蓝"有关的词，像蓝天、蓝精灵、蓝色等。再如，你可以说"水果"这个词，让孩子说出水果都包括哪些，在规定的范围内让孩子自由联想。

我们再来聊聊想象力。

在创新的过程之中，知识的贫乏并不可怕，可怕的是想象力的贫乏。

爱因斯坦说："想象力比知识更为重要，因为知识是有限的，而想象力概括着世界的一切，推动着进步，并是知识进化的源泉。严格地说，想象力是科学研究中的实在因素。"想象力是智力的重要成分，聪明的孩子具有丰富的想象力。孩子如果缺乏想象力，就不能很好地掌握知识，缺乏创造力，也就缺乏开拓和创新的精神。

发明家爱迪生小的时候很善于想象。他看见母鸡生了蛋，卧在上面，就把小鸡给孵出来了，于是，他把鸡蛋拿来放在自己屁股下面，想把小鸡孵出来。他把自己想象成一只母鸡。当然，他并没有孵出小鸡，但他在以后却有许多发明。

生活中有的家长发现自己的孩子和别的孩子相比，想象力很贫乏，无论是绘画作品，还是续编故事，都表现出想象力差、想象层次低的倾向。这是因为，没完没了的课业负担、家长的无意责骂都会大大挫伤孩子的想象力。

想一想，你是不是也做过这样的事：

当孩子兴冲冲地举着捏好的饺子面团说："妈妈，你快看我捏的苹果！"你是否根本没搭他这茬儿，而是盯着他满手和满身的面说："再弄看我不揍你！"

当孩子得意扬扬地拿来他的画作让你欣赏，你是否撇撇嘴说："这是什么呀？是人还是怪物啊，拿回去好好画！"

当孩子画画的时候，你指着他画的花朵说："哪有绿颜色的花？涂个靠谱的颜色好不好？"

当你问孩子：雪化了会变成什么？孩子回答说：会变成春天。你是否会因为孩子没有回答"水"这个"正确答案"而生气地骂他笨？

……

成年人的思维定式、对孩子的想象力的否定和批评、所谓的"固定答案"这些因素，都是剪断孩子想象力翅膀的罪魁祸首。

那么，作为家长，我们应该如何保护孩子的想象力，激发孩子的想象力潜能呢？

多带孩子吸取丰富的各类信息

想象力是需要素材的，那就是生活中大量的事物积累。如果家长能够经常带孩子外出，并且鼓励孩子多做全面而细致的观察，那么孩子头脑中接收的信息就非常广泛而丰富、开阔而深刻。

多给孩子讲故事

孩子年龄越小，识字越少，主动阅读就越困难。因此，家长更要通过选择一些优质的睡前故事书为孩子阅读，使得孩子有机会通过语言文字的描述而在头脑中再造想象。另外，多鼓励孩子复述故事，或在讲故事的过程中，让孩子自行续编故事，这样的方式，也会促进孩子想象力的发展。

多让孩子画画

画画是培养孩子想象力的重要方式之一。通过引导和观察，看看孩子是否能够将他自己的意愿、想法、爱好和生活经验融入画中。也就是说，要看他是否将自己头脑里的"生活素材"充分而又充满感情地表达出来。

多陪孩子做游戏

在游戏中也可以培养和激发孩子的想象力。

3~4岁阶段的孩子容易玩模仿生活场景的游戏，如在超市里买东西、过家家等。在玩具不够充足的情况下，孩子可以利用想象来弥补玩具的不足。

4~5岁阶段的孩子不再单纯重复成人或年长孩子提出的主题，而是通过自己的构思来加以补充。家长可以通过让孩子填充故事的剧情、完成缺少局部的画面构图等方式来锻炼孩子的想象力。

5~6岁的孩子已经开始有丰富的联想和想象力了，可以通过让孩子自编故事或者猜谜语来培养孩子的形象思维能力。

自控能力：自律是未来最核心的竞争力之一

自律是一个人自我约束的能力。自律的人能够有所为、有所不为。生活中，我们常常看到一些小孩子或由于顽皮，或由于家庭教养不当，在学校里与小伙伴们争吵不断，随意拿别人的东西；在家里则是撒娇、任性，不达到自己的要求誓不罢休……而这些都是孩子缺少自律的表现。

如果孩子没有或缺少自我控制能力，就有可能在有意或无意之中侵犯别人的权利，同时自己的权利也会受到一定的威胁；缺少自我约束能力的孩子，也很容易与同伴发生冲突，违反社会规则。因此，让孩子从小学会控制自己的行为非常重要。

我家孩子上幼儿园时，班里有一个非常顽皮的小孩子，不是今天把其他小朋友打哭，就是明天拿了小伙伴的玩具。老师曾经跟他父母沟通过多次，管教的效果也不怎么明显。后来这个小朋友上了小学，他父母以为他自然会变乖一点儿。可是，整个一年级都读完了，孩子的情况似乎还是老样子。

我在接触这个孩子的时候，发现他是一个非常聪明的孩子。每次考试成绩都名列前茅。但是他妈妈却告诉我说，孩子的学习成绩虽然好，但就是他的课堂纪律太差了，有时候老师没有让他发言，他就会在底下直接大声地说出答案，给老师造成了很大的干扰。

除此之外，上课时，他还特别爱和同学聊天，受他的影响，班里好几个孩子都变得上课爱说话了。尽管老师三天两头叫他妈妈去学校，妈妈回了家也是多次批评他，他当时满口答应，可转头就又恢复了老样子。

二年级入少先队时，看着别人戴上鲜艳的红领巾，他心里也急，每天回家问妈妈，自己什么时候能加入少先队。妈妈也很为他着急，只能鼓励他说："如果你在课堂上表现得好一点儿，你很快就有这样的机会。"听了妈妈的话，他确实有一阵子表现得很好。在再一次的少先队员的选拔中，老师把"少先队员"的称号给了他，以期望他能更好地进步。

结果他因为太兴奋，中午睡觉的时候影响了其他同学，下午上课时也忘了约束自己的行为，频频说话，最后老师又取消了他少先队员的资格。

他愿意进步，可是自己没有办法控制自己的行为。甚至明明知道自己做错了，但是转头就老毛病再犯，这样缺乏自控能力的孩子，不仅自己不断后悔、痛苦，同时也给别人带来麻烦。一个无法把控自我行为的孩子，他首先就输给了他自己，又怎么可能在未来参与积极的社会竞争呢？

记得在 2021 年 3 月份的欧冠 1/8 决赛上，尤文 0∶2 落后，当时看球的人都觉得大局已定，无法逆转，而效力于尤文的 C 罗却在比分落后的情况下，连续扳回两球，最终扭转了整个球队的命运。实际上，这并不是他第一次上演这样的奇迹，几乎每场他

参与的比赛，都为足球迷们呈现出让人震惊的表现。

为此，C罗曾3次获得世界足球先生称号，拿了5座金球奖、6座金靴奖、5座欧冠，C罗几乎拿遍一个足球运动员能拿的所有奖项。

但这所有荣誉的背后，是C罗高度的自律所带来的结果。用他自己的话说，就是"我只是99%的时间保持了自律而已"。为了保持健康，他坚持每天11点之前入睡，并且睡眠绝不低于10小时；他滴酒不沾，只喝矿泉水；除了比赛，大部分时间除了基本的饮食、休息，几乎全部用在训练上。一般来讲，一个运动员肌肉含量很少超过46%，而C罗则达到了惊人的50%。

C罗曾说过一句话："值得拥有的东西，从来都是来之不易。"你的自律经过日积月累，早晚会让人望尘莫及。这也许就是如今38岁的C罗仍然能够笑傲足坛的唯一秘诀吧。

这不禁又让我想到了一个从小出生在国外的小男孩，他8岁那年随妈妈回国接受二年级教育，结果刚入学就遇到了很大的困难。

在一次语文测验中，他绞尽脑汁，用时一个半小时，却只填写上了一个填空题，卷子的其他地方全是空白。

妈妈看着他失落的样子很难受，便建议他从一年级重新读。但是这个孩子却坚决不同意，坚持要上二年级。

为了能够跟上大家的步伐，孩子每天早起晚睡，就算是节假日也决不允许自己犯懒。第一学期结束了，小男孩考了班级倒数第二。比他之前进步了一名。第二学期结束了，小男孩考了班级正数第一，尤其语文取得了99分的好成绩，当时全班级的学生都惊呆了。

很多家长问男孩的妈妈，不知道她用了什么方法，让孩子变得这么优秀。

在一次与这位妈妈聊天的过程中，我得知，她是一位心理学教授，她从小就注重孩子自律能力的培养。早在孩子回国前，孩子在饮食起居等方面就已经能够很好地独立完成了。

回国后，孩子的中文压力很大，但他没有轻易放弃，而是考虑如何解决。为此，他根据学校课程情况，自行安排学习计划，每天额外抽出固定时间背诵、默写汉字，学习拼音，包括具体的默写、背诵及朗读遍数也都标注得清清楚楚。

他自信地告诉妈妈："您放心，只需要一个学期，我就能超越所有人！"

果然，这个自律的小男孩，超越了班级所有人。

自律，是孩子成长的内驱动力，是未来最核心的竞争力之一。当自律内化为孩子身体的一部分时，这种力量会自动自发地克服困难。可以肯定地说，自律的孩子个个优秀！

其实，孩子的自律并不是天生就会形成的，而是需要后天培养的。而在这个过程中，父母的引导对孩子来说非常重要。相关建议如下：

家长的榜样力量

家长自身的行为方式对孩子的榜样作用至关重要。如果家长能够在日常生活中注重自我约束，能够在行为上有效把控，就会自然而然地对孩子起到模范作用，正所谓，言传不如身教。

延迟满足能力的培养

心理学实验已经表明，自我控制能力最早出现在宝宝6~12个月，而4岁则是自我控制能力迅速发展的时期。所以，家长越早有意识地对孩子的延迟满足能力进行培养，孩子就越早能够抵制住诱惑、干扰，有效克制自己的言行。

对时间的管理

良好的自我控制能力离不开对时间的管理，当孩子对时间有了一定的认识后，家长就要逐渐培养孩子在时间上的自律意识。当孩子投入自己喜欢的事情中，如游戏、比赛时，家长要和孩子做好预先时间约定，时间一到，孩子必须停止。反之，则对孩子进行适当的"惩罚"，让孩子因为违反时间约定而付出一定的代价，如减少玩耍次数等。

对于一些年龄较小的孩子，家长可以作为陪伴进行时间管理；对年龄较大一点儿的孩子，家长可以建议孩子首先完成必要的作业、房间整理等事情后，剩余时间可自由支配，以此养成孩子对时间的重视和分配能力。

复原能力：赠与孩子面对挫折的铠甲

每个人来到这个世界上，都会经历幸福和快乐，也必然要面对磨难与痛苦。小时候是摔跟头、跟小朋友吵架，长大了可能是工作和事业中的一些不顺利。其中，没有人可以替代他人成长，父母也同样无法替孩子遮挡一切风雨。

所以，在孩子还小的时候，不妨给他们来一点儿挫折教育，将他们推出去，让其遭遇一些挫折，以此达到锻炼孩子承受挫折的能力，这才是为人父母赠与孩子的面对挫折最好的铠甲。

我一个亲戚家的男孩儿，大学毕业三年了，经过几次面试失败后，就丧失了找工作的信心，每天沉溺在网络游戏的虚幻世界里度日。生活用度，都要靠父母的接济，他的母亲为他操碎了心。

有一次他的母亲再次逼迫他去找工作，他竟用自杀的方式来抵抗母亲的逼迫。后来这个亲戚得知我一直在从事心理教育方面的工作，便带着孩子不远万里来找我，希望我能够给出一些明确的指导。

我在了解了男孩儿的情况后，也是无能为力。首先，孩子已经成年了，错过了教育的最佳时期；其次，孩子身上的问题由他的父母引起，并且由来已久，不是三言两语就能解决的。

我记得在男孩儿很小的时候，我们曾经在商场里遇到过。当时，男孩儿看中了一双系带的运动鞋，却不愿意系鞋带，于是男孩儿的母亲就要求服务员找一双一模一样，却不需要系鞋带的鞋来。这个要求自然无法被满足，于是男孩儿在商场里发了脾气。要问他为什么不愿意系鞋带，因为从他第一次系鞋带失败后，他的妈妈就给他买不用系鞋带穿的鞋子。

在家里，这个男孩儿从不帮着妈妈做一点儿家务，不是他不愿意，而是他认为自己做不好。第一次倒垃圾，他弄脏了衣服，妈妈便从此不再让他倒垃圾；第一次洗碗，打碎了碗，划伤了手，妈妈便不再让他洗碗。上学时，妈妈托人走后门，只为进一个老师不那么严厉的班级；毕业后，妈妈又托人找关系为他联系工作。最终，男孩儿活成了一个需要父母时时、事事照顾的巨婴。

很多时候，不是孩子不够勇敢，而是我们以"爱"的名义，亲手毁了孩子的勇敢。男孩儿早已经习惯了在妈妈的"爱"中成长，同时也早已经失去了面对挫折的勇气。

心理学家阿德勒认为，对儿童过分地溺爱与娇纵，是孩子产生错误行为的主要原因。许多父母把孩子当作掌上明珠，不想孩子受到任何委屈，在孩子遇到困难时，主动帮助解决，满足孩子的一切要求。最终，长期在溺爱环境中长大的孩子，习惯性地认为自己天生与众不同，遇到自己办不到的事情时，就会向他人发号施令，因为他们在家里也总是对父母"发号施令"，在他们的世界里，"只要我做不到，别人就应该帮我解决"。

因此，当他们遭遇了挫折，却没有人将目光放在他们身上，或是没有帮助他们的时候，他们就会觉得世界不公平，然后宁可蜷缩在一个自己为自己营造的"公平"氛围中，也不愿意勇敢地再次"出击"。

一个缺乏抗挫能力的孩子，不能与人竞争，不适应激烈的社会环境，就像温室里的花朵一样无法经历风霜，经不起挫折和打击。要坚信，能够在成长的道路上勇敢向前奔跑的孩子势必会遇到挫折，但这没什么，这是他人生的必经之路。就算是摔倒了也要让他自己爬起来，做错了事让他自己去承担后果。只有让他在克服困难中感受挫折，认识挫折，才能培养出他们不怕挫折，并且面对挫折快速复原的能力。

因此，假如我们真的想赠予孩子面对问题敢于积极解决的勇气和决心，那就不妨在平常尽快打造一个直面困难挑战的铠甲。你可以尝试着这样去培育孩子：

设置必要的生活挫折和障碍

德国著名作家茨威格指出："世界上最光辉、最宏伟的事业就是使个人站立起来！"为了增强孩子的抗挫的能力，我们除了利用一些自然的困难情境来对他们进行历练外，有时候还应适当给孩子设置一些必要的困难情景。

当然，设置挫折和障碍时，一定要注意适度和适量；在孩子遇到困难而退缩时要及时给予鼓励，在孩子做出努力并取得成绩时应及时给予肯定。

用游戏来培养孩子的意志力

因为任何游戏（智力、体育、音乐等）都需要参加者集中注意力，才能克服种种困难，不断通关，因此通过孩子本身就喜爱的游戏来培养他的意志力尤为有效。我们可以帮助孩子选一些能够训练意志力的玩具，比如：拼插玩具、魔方、各种棋类及一些电子闯关游戏等，以此培养孩子专注于某事并积极想办法克服困难的精神。

帮助孩子设置目标

孩子因为年龄小，对一些稍有困难的事情很难坚持下来，加上父母本身并没有给孩子设立明确目标，导致孩子不清楚到底学什么、做什么，就很容易遇到挫折败下阵来。

当我们为孩子设定了目标后，孩子就有了"盼头"，会为实现这个目标而不断地努力。同时孩子也会明白，这个目标不经过努力是达不到的，想要达到必须付出努力。

当然，如果把孩子的目标定得过高，那么他看不到成功的可能，也会打击他的自信心。因此，我们在给孩子设定目标的同时，要让孩子看到希望。我们可以把期望值分步设置，引导孩子一步步实现。这时我们可以试试登门槛效应。

所谓的登门槛效应，就是当个体先接受了一个小的要求后，为保持形象的一致，他可能接受一项重大、更不合意的要求。让孩子努力一下，跳一跳就能过去，就能够得着；让他对目标有希望，且经过努力就能实现，这样的锻炼会增加他的抗挫折能力。

现在的孩子，生活条件好，受到的呵护多，这原本是种幸福，但这幸福的背后却充满了陷阱，因为这样极容易使孩子变成一个自我、虚荣的人，凡事都挑剔，并且心胸狭隘。父母的呵护会让孩子形成这样一个心理惯性：别人一直将我当宝，你凭什么当我是草？

当这种惯性大到一定的程度，就很难再改变过来。就如在顺境中待久的人，无法适应逆境的反差一般。所以，适度收起自己的那份玻璃心，才有可能将孩子送上通往坚强的那条成长之路。

正所谓，授人以鱼不如授人以渔，与其含辛茹苦地保护孩子，不如放手让他一搏。家长只有有意识地为孩子打造一身敢于面对挫折的铠甲，孩子才可能在成长之路上披荆斩棘，一往无前。

思考能力：带着问题看世界

谈到思考能力，西方国家，尤其是英美国家更为推崇对孩子独立思考能力的培养。这一点，从一个美国的访谈节目中可见一斑。

在节目中，美国电视台的著名主持人比尔问一个七八岁的女孩："你长大以后想当什么？"女孩很自信地答道："总统。"

全场观众哗然。

比尔做了一个滑稽的吃惊状，然后问："那你说说看，为什么美国至今没有女总统？"

女孩想都不用想就回答："因为男人不投她的票。"

全场一片笑声。

比尔："你肯定是因为男人不投她的票吗？"

女孩不屑地说："当然肯定。"

比尔意味深长地笑笑，对全场观众说："请投她票的男人举手。"

伴随着笑声，有不少男人举手。

比尔得意地说："你看，有不少男人投你的票呀！"

女孩不为所动，淡淡地说："还不到三分之一。"

比尔做出不相信又不高兴的样子，对观众说道："请在场的所有男人把手举起来。"

言下之意，不举手的就不是男人，哪个男人"敢"不举手。在哄堂大笑中，男人们的手一片林立。

女孩露出了一丝与童稚不太相称的轻蔑的笑意："他们不诚实，他们心里并不愿投我的票。"许多人目瞪口呆。然后是一片掌声、一片惊叹……

这是典型的独立思考，小女孩向在场的成年人展示了她对事情的合理判断与独立思维的能力，使得大人们都不得不折服。

事实上，没有独立思考能力的孩子，就没有独立性。要培养孩子的独立思考能力，就要提供一些机会给孩子自己去思考，去感觉什么真、什么假，什么应该做、什么不应该做。而许多中国父母却为了不让孩子吃苦，在孩子吃饭、睡觉、玩耍、交朋友等方面都采取事事包办的做法，而不是鼓励孩子去独立思考、独立做决定，从而导致了孩子离不开父母这根"思维拐杖"。

给孩子一个善于独立思考的大脑，胜过留给他家财万贯。我们要让孩子明白：一个不能独立思考的人终将一事无成。

在很多家庭中，孩子除了写作业和玩网络游戏，基本上对其他事情都采取不管不问的态度。因为长时间的懒惰，本来极有天赋的孩子，最后也会变成"小笨蛋"。这是很正常的因果关系。因为懒惰，孩子就不爱动脑筋，不爱动脑就不爱思考，就不会主动去探索事物。因此，我们要培养孩子的深度独立思考能力，就要鼓励孩子多动脑筋，多去带着问题去感知这个世界。

首先，我们应该鼓励孩子去做他能做的一切事情，而不能只让他学书本知识，局限在有限的小范围内。

在平时生活中，父母可以主动为孩子提供接触社会、接触自然的时间和空间。比如：在节假日和双休日，可以多带孩子到郊外游玩，也可以带孩子到少年宫、博物馆、展览馆等场所，让孩子在观察事物中学会发现问题，解决问题。

其次，教会孩子自己动脑、动手，让他们通过亲身实践去认识社会，思考人生。我家孩子曾经给我讲过关于望远镜的发明。荷兰的一位眼镜商，有一个聪明好动的孩子，很顽皮。这个孩子经常到磨镜房玩耍。这位眼镜商也经常带着孩子和磨镜片的工人一起玩镜片游戏。有一天，这个孩子把近视镜片和老花镜镜片放在一起，想看看镜片的变化。他一会儿拉开一点儿距离，一会儿把镜片又放近一点儿……当他一前一后举起镜片向前望时，不由得惊奇地大叫起来。原来，透过两层镜片，远处的景物被拉在眼前了。这位眼镜商人从儿子的游戏中发现了两种镜片的奥妙，望远镜就这样被发明了。

给我讲完这个故事后，孩子特别佩服故事中的小男孩儿，希望自己也能成为这样的人。

其实，那些真正有天赋的人才，并不是那些习惯于思维定式的人，而是那些有求异思维、富有想象力和探索精神的人。因此，父母千万不要限制孩子，应当放开手脚让孩子自由地去探索、去思考。

此外，为了让孩子的思考能力更具广阔性、深刻性、灵活性及敏捷性，我们应该尽可能从孩子低龄时，就从以下几个方面的培养做起：

丰富孩子的感知觉材料

思维需要在感性材料积累的的基础上才能进行，思维的变通不是凭空而来的。因此，家长应该平时多带孩子去"见多识广"，让孩子通过感知获得大量生动、具体的感性知识。

引导孩子多角度观察同一事物

引导孩子多角度观察同一事物，这有利于培养孩子灵活和敏捷的思维能力。如：在观察一只乌龟的时候，可以让孩子从前面、后面、侧面、上面等不同角度观察，使孩子获得多种表象的认识。对于同一件事物，也要引导孩子多方面考虑它的作用，如问孩子生活中都有哪些地方会用到纸？铅笔除了写字之外，还能有哪些用途？这样的训练能使孩子乐于、敢于、善于"求异思维"。

注意提问方式

家长的提问方式也是训练孩子思维灵活的关键因素。平时要忌讳问"你看这个像不像×××"之类的话，这样的"引导"只会让孩子的思维顺着成年人的思路去走，制约了他们的想象力。如果问："你看这个像什么？""还有什么用？""你有什么不同想法？"等，就会引发孩子独立思考。

锻炼孩子的思维转换能力

思维能力主要体现在解决问题方面。幼儿阶段的孩子，思维不太会拐弯，认死理，不开窍。父母可以通过一些游戏来训练孩子的思维转换能力。比如可以经常问他："爸爸的妈妈叫什么？""我的弟弟你叫什么？""谁和我管一个人叫妈妈"等类似脑筋急转弯的问题。

让孩子学会逆向思维

3~6 岁是孩子逆向思维发展的重要阶段，3~4 岁是起步阶段，4~5 岁是关键阶段，5~6 岁是发展阶段。

3~4 岁的孩子思维比较散漫，没有目的性，父母可以和孩子玩"说上指下"的游戏。4~5 岁的孩子有了初步的概括能力，能进行简单的判断和推理，家长可以将物品藏起来让孩子来找，这样可以锻炼孩子从各个角度考虑同一个问题。5~6 岁孩子的理解能力和抽象逻辑思维能力有了一定发展，他们能发现不同事物之间的共性，并根据这些特点来分类和概括。家长平时可以给孩子一些概念，如"树""鸟""植物""动物"等，让孩子去思考每个概念都包含什么东西，这些东西的共性是什么，有些物品还可以有多少种归类等等。

这世界色彩缤纷，但也充满了荆棘。让孩子从小就能以多元角度、深刻而敏捷地看待问题，不断亲近自然，一步步走到真实的社会中去，那时，他的人生将会随着他的思考、行动、不断思考加持续行动而更加精彩。

社交能力：让孩子融入社会，才能被社会所接纳

我们人类不是孤立的个体，而是劳动、生活在一定的社会关系之中的。这也是人与动物的根本区别。

家庭教育专家许化利说过："我们所培养的人既不应是负载某种空洞理念的工具，也不应是承担某些知识的容器，而应该是具有健全人格的能融入这个社会的人，即社会化，而这个融入社会的过程就是人的社会化过程。"

因此，让孩子融入社会，成为社会中的一员，才可能被社会接纳，这是人的自然而然的社会化过程，而在社会化过程中所表现出的独特能力，就是一个人的社交能力。据我所了解，很多名人都十分重视培养孩子的社交能力。

美国前总统肯尼迪的父亲约瑟夫，很注意创造条件让孩子得到多方面的社会交往机会。他安排他的儿子全部到非教会学校读书，使他们能与各种背景的人接触，扩大视野。后来，他的4个儿子全部进了哈佛大学，成为杰出人士。

摩托罗拉公司的创始人——美国大企业家高尔文，只有1个儿子，叫鲍勃，他期望儿子能够子承父业。于是频频让儿子参与各种交际活动，增长儿子的见识。高尔文公务外出时，总是尽量带上鲍勃，一方面用来弥补与儿子经常不在一起的缺憾，更重要的是让儿子有与更多人交往的机会。他亲切地对儿子说："坐飞机可以飞翔蓝天，穿云过雾；坐轮船，可以乘风破浪。干什么事都要继往开来，永远前进。不前进，便要落后，便要被淘汰。"

这些名人之所以如此重视社交能力的培养，是因为他们明白：一个人从小到大就一直处于社会互动之中，受到这些规则和习惯潜移默化的影响，从而逐步接受和掌握这些规则和习惯，最终融入整个社会群体之中，而交往的技能只有在与人交往中才能学会。

因此，我们应该尽可能地为孩子打开生活空间，鼓励孩子走出家门，广交朋友。比如：让孩子去找伙伴玩，邀请邻居家的小孩子、同班同学来家做客等等。

有些家长片面侧重文化成绩的高低，反而对人际交往能力的培养、社会融入能力的提高非常忽略，这样就非常狭隘。很难想象一个只会学习、只会做习题的小书呆子将来如何在社会上与人沟通、交流。

一个人活着，就要与外部发生关系，孩子也不例外。只有给孩子与人和谐相处的金钥匙，才能给他带来真正的美好未来。

另外，广泛地与他人融洽相处也有助于培养孩子乐观的性格。那些与他人融洽相处的人，心中会充满着爱，心态也较为积极。

所以，教会孩子与别人融洽相处，找到更多的好朋友，以期未来更好地融入社会，这是父母应该培养孩子的一门技巧，也是帮助孩子健康成长的重要责任。

大人以身作则做榜样

孩子是家长的一面镜子，大人平常为人处世怎么样，在孩子身上也会很深刻地体现出来。特别是大人在与家人、同事、亲戚、朋友、孩子的老师和同事的交流相处中，所表现出来的态度、责任心和方式方法等，都会潜移默化地影响孩子。因此，作为家长，一定要以身作则。

如果家长能够经常用有声的爱心语言，如："婆婆，你休息一会儿吧，我来！"或者："王大妈（邻居），你上街要注意安全，路上小心"……去强化孩子的爱的意识，又能以充满爱心的表率行为，如对自己父母（岳父母、公婆）的态度等导之以行，就能使孩子产生一种积极的仿效心理。

父母还可以参加单位或社会组织的各种公益活动，注意搞好社区邻里关系，遇事不斤斤计较，经常用包容的态度去解决问题，这都会给孩子带来很好的影响，令他养成受益终身的好品质，并且有益于他跟别人更好地沟通、相处。

引导孩子换位思考

孩子与人交往，往往是以自我意志和想法为中心的。但是如果孩子能够在交往过程懂得换位思考和替他人着想，就可以慢慢获得别人的爱戴和尊重。

有一次，我的孩子约好了几个小朋友来家里玩，之前进行了盛情的准备，可是因为临时有事，有一个小朋友来不了了，孩子就不高兴了，嘟嘟囔囔地说了很多埋怨的话。为了让孩子从难过的情绪中走出来，我对孩子说："那个小朋友也一定是很想来的，只是因为临时遇到了重要的事儿，一时来不了，希望你能谅解！就像我们自己有的时候也一样会失约一样，一样希望得到别人的谅解。如果你能站在小朋友的角度考虑一下，也许心里会好受些。"这样一讲，孩子一会儿就想通了。

只有引导孩子懂得换位思考，他才能获得更多的友谊，才能和别人和谐相处。

培养孩子的爱心

爱心是和谐相处不可缺少的品质。孩子都是善良、直言、有爱心的，所以，大人一定要好好呵护孩子的爱心，多对孩子进行爱的教育，让他懂得施爱，这样，孩子才能更懂得照顾别人，也更懂得来自其他人的关爱。

给孩子定社交规则

有时候给孩子定一些社交的"规矩"，可以帮助孩子与他人更好地相处。比如尊重老人，有好吃的要先给爷爷奶奶，出门要和爷爷奶奶说再见，放学回家要主动向爷爷奶奶问好，拿长辈的东西要事先征得同意等。比如跟小朋友相处：得到别人的帮助说声"谢谢"；无意做了影响他人的事说声"对不起"；别人向自己道歉时说声"没关系"；跟老师和大人相处：见了老师或长辈问声"您好"；与老师或家人道别时说声"再见"；回到家时说声"我回来啦"等等。

在订社交规矩时，可以和孩子一同进行，一经确立，就要要求孩子严格执行。如果孩子不小心违反，要使之主动接受惩治。规则要随孩子的成长而不断修订，丰富其内容，让孩子在自我的约束下，在不断强化的行为训练中，将如何与他人和谐相处的价值和行为习惯深植心中，学会和谐地与他人相处。

一个成功的人，他的良好的社交能力并非一蹴而就，而是从小就建立起良好的人际交往基础。想一想，一个从小懂得关注他人、尊重他人并能与众多不同性格、环境的人与事很好打交道的孩子，他的未来也一定会成为一个善待他人、积极热情并能与人协作的人吧。

合作能力：有分享才有合作，有合作也要有竞争

一滴水很容易被风干，如果把它放在大海里，它就会永不干涸；一个筷子容易被折断，十双筷子绑在一起就很难被折断。一个人的能力再强、再有天赋，也不能离开团队这个大的氛围。

与人合作，是一项很重要的能力，这项能力随着孩子的长大，也会变得越来越重要，因此，家长在孩子小的时候就要注意去培养孩子这方面的能力。

我家孩子在小的时候也经历过"自私"的阶段，不愿意将零食和玩具分享给其他小朋友。有一次，一个小男孩儿来我家玩儿，两个孩子一起玩积木。作为小主人，我家孩子霸占了很多积木，根本不愿意和小朋友分享、共同玩这些积木。小男孩儿几次尝试跟他一起玩儿，他都不愿意，最后他一个人拿着一堆积木到阳台上玩儿去了。

不一会儿，小男孩儿搭建的城堡已经初具规模了，但是还缺少一些小块积木建构围墙，而大多小块积木都在我家孩子手中。于是，小男孩儿向我家孩子发出了请求："我能不能跟你借一些

积木啊？"但是我家孩子就是不答应小男孩儿的请求。

此时，我知道如果强硬地让孩子让出，只会激起他的反抗情绪，但是再这样自私下去，他会交不到好朋友的。于是我走过去对孩子说："宝贝，弟弟的城堡搭好了，可是不知道该怎么搭围墙，你能不能教一教他啊？"

"当然可以。"孩子听了我的话，立刻神气地回复说。

"可是搭围墙需要大的积木呢？还是用小一点儿的积木呢？"我继续假装求助。

"当然是小一点儿的呀，不然就看不到里面的木偶了。"

"那身为哥哥的你应该去帮帮弟弟吧。"

"没问题！"孩子边说边拿着手中的小积木去帮忙了。

就这样，我一步步引导孩子学会了分享与合作。

不愿与人合作的孩子是很难成为健康的人，也很难发挥出自己的天赋。欧洲著名的心理分析家A·阿德勒认为：假使一个儿童未曾学会合作之道，他必定会走向孤僻之途，并产生牢固的自卑情绪，严重影响他一生的发展。可见，培养孩子的合作能力是多么重要。

当然，培养孩子的合作能力绝不是一日之功，它需要我们家长精心的教育和情感感染。只要家长充分认识合作精神培养的重要性，在生活中增强合作教育的意识，随时向孩子进行合作精神教育，孩子的合作能力就一定能够得到很大的提高。

平时家长可以让孩子玩一些诸如共同搭积木、拼图等需要协作的活动；可以鼓励孩子参加俱乐部的活动，在那里人们可以公开参与活动，不会相互排斥，大家相互平等，不受歧视地共同参与；可以鼓励孩子参加学校举行的合唱、舞蹈、戏剧表演等内部活动。通过这些有意义的活动，可以增强孩子的集体观念，使他们在大集体活动中养成团结友爱、助人为乐的品质。

一般而言，孩子之间的合作常常会带来积极愉快的结果：活动成功，事情做成，增进友谊。这对孩子巩固、强化合作精神，进而产生更多的合作行为是很重要的。

但是家长在强化孩子合作意识的同时，也不要忘记让孩子学会竞争。如果只是在别人的意愿前提之下妥协，只合作而不竞争，那么对孩子个性的发展是不利的。现代社会是充满竞争与挑战的社会，如果没有良好的竞争意识，就会被社会大潮所淘汰。所以，从小培养孩子的竞争意识，意义重大。

人天生就有一种追求优越的欲望，孩子也不例外。当孩子产生这种欲望时，父母又恰巧能够在孩子这种意识萌生出来的时候，适时对孩子进行鼓励和肯定，那么孩子就有勇气去面对竞争。如果他们在竞争中取得了一定的成绩，就会令他们取得自信心与成就感，而这又会令孩子进一步奋发向上，从而形成良性循环。

举个简单的例子：孩子在家吃饭，父母时常追着、哄着，孩子也不见得好好吃饭，但是当孩子到了幼儿园，几十个孩子一起吃饭，只要老师在旁边说一句："我看哪个宝贝吃得最好最快？"那孩子身上的竞争意识就会立刻被激发出来，为了比其他小朋友表现更好，他们会立刻拿起小勺子，一口一口地认真吃起来。

　　竞争的力量能让孩子爆发出最大的潜能，创造出惊人的成绩。因为竞争对手就在眼前，如果不努力，就会被超越。竞争的心态，推动着孩子努力弥补自己的不足，只要父母能够利用这个规律，就能够有效地激发起孩子的竞争意识。但与此同时，父母也需要明确一件事，那就是鼓励孩子参与到竞争中，并不是迫使孩子必须参与，只有孩子是主动地参与到竞争当中，他们才能更加积极地面对竞争，努力取得更好的成绩。

对于孩子来说，竞争是一种激发孩子能力提高的形式，通过竞争，可以锻炼孩子的综合素质，尤其是心理素质，如：遇事大胆、沉着，等等。敢于竞争也是一种自信心的体现，孩子有信心去参与竞争，有勇气面对输赢，才能够在胜败中积累许多经验。

既要有分享精神，还要有竞争意识，只有这样才能在强化自我的同时，与他人达成高效合作。

也正是因为如此，平时家长可以鼓励孩子多参与篮球、足球、网球、垒球等运动，或者参与辩论赛与集体演讲。这样的集体竞争活动，要求每个人既要发挥最大的潜能，又要互相合作协调，使整体作战成功。目标是既要战胜对方，又不能损害对方。孩子可以从中学到许多竞争的方式方法：公正、平等，以促进其良好竞争意识的形成。

需要注意的是，人的合作意识不是天生就有的，而是在合作的过程中逐渐萌发并得到强化的，而合作技能的高低直接影响合作的进展和结果。

孩子自己由于年龄小，缺乏一定的社会交往经验，因此刚开始往往不知怎样去合作，这就需要家长教给孩子一些合作的技能，指导孩子怎样去合作，让孩子学会在合作中既要讲原则、讲统一，又要有自己的立场。

当孩子与同伴在活动中意见不统一时或玩得不愉快时，我们应及时引导孩子相互商量用什么方法可以使大家都玩得愉快，比如：使用猜拳、轮流等方法，协调关系，确定共同的目标，使活动顺利进行。

通过一次次的交往与合作，孩子就能够逐渐地学会合作的方法、策略，懂得合作的重要性。

观察能力：生活很潦草，要有发现美的眼睛

有研究证明，一个人的大脑所获得的信息，有 80% 到 90% 是通过视觉、听觉采集获得的，因此从小培养孩子的观察能力，是促使孩子所有能力形成的根本。

为了培养孩子的观察能力，在我家孩子小时候，我经常带他去植物园、动物园这些地方，只要看到一株植物或者一个动物，都不停地告诉孩子："你看啊，这个叫……"没过一会儿，又拉着孩子的手让他观察："你注意看这个动物……"但是我发现，每次我都累得满头大汗，孩子却兴致不高，看了一会儿就想回家了。

我曾经感到很困惑，认为自己是个很爱学习的妈妈，在学习了很多育儿课程后，意识到培养观察能力对孩子十分重要，因为

在一个人的学习活动中，有70%的信息都是通过视觉获得的。如果孩子的观察能力不强，将来在学习活动中会遇到很多困难。因此，我才会如此辛苦地带孩子到处看，培养孩子的观察能力，恨不得将自己知道的知识一股脑都告诉给他。可是，为什么孩子没有表现出足够的热情呢？

后来我发现，良好的观察能力确实能让孩子更好地认识这个世界，帮助他们在现实环境中认准目标，对孩子的整个智力发展以及个性形成有很重要的作用。但是，兴趣才是孩子学习的原动力，能吸引孩子去细心观察的事物，一定得是孩子感兴趣的事物。换句话说，如果孩子不感兴趣，父母再怎么引导，也是白费功夫。

从那以后我知道了，父母在引导孩子观察的时候，一定要尊重孩子的选择，让孩子成为观察事物的主体。我们可以在孩子感兴趣而发问的基础上做以讲解，或者与孩子共同确定观察的对象。切不可以自己为主体，强迫孩子去观察，这种知识的强加只会让孩子感觉疲倦并且了无兴趣。

之后在培养孩子观察能力这件事情上，我便改变了策略。只要是孩子感兴趣的事物，我都会陪着他一起观察。有时候是一些彩色的纸块，有时候是亮晶晶的饰片，或者是一些小珠子等物品。孩子经常捡到这些东西当作礼物送给我，然后我们一起去研究和观察这些小东西。

当我跟孩子站在同一"高度"去审视这个世界时，我发现这个世界到处充满了惊喜和美丽。我会跟着孩子为了捉到一块有着漂亮颜色的纸片而随着风儿奔跑，有时候仅仅是小土堆里的虫子，我们也会趴在地上观察半天……

最后我发现，培养孩子的观察能力，不一定非要到信息多么丰富的地方，因为这个世界本身就已经足够丰富，只要有善于发现的眼睛，在哪里都能看到生动的事物。有意思的是，当我不再将视线放在各个博物馆上时，孩子却意外喜欢上了博物馆，因为生活中的所见已经无法满足他的双眼了，他急于了解更大更广阔的世界。

那么，在平日里，我们应该怎样做才能更好地开发孩子的观察潜能呢？

把握孩子的观察特点

3~4 岁的孩子，其观察的目的性较差，行动比较随意，常常是东瞧瞧、西看看，容易被一些无关的事物所吸引，而且他们的耐心有限，因此，观察的时间不宜过长，以免降低他们的兴趣，家长可以用语言来刺激他们的观察兴趣。4~5 岁的孩子，其观察方向性有所增强，家长可以给他们提一些合适的建议、任务来引导他们观察。5 岁以后，孩子能按照自己的兴趣来提出观察的目标，这时候家长要给予及时恰当的评价和鼓励来激发孩子的观察兴趣。

设置观察的"悬念"

为了激发孩子的观察兴趣，事先可以设置"悬念"来吊吊孩子的胃口，从而大大激发孩子的探索欲望。如在去动物园之前，可以和孩子先描绘动物园里的有趣动物，如："猴子屁股红红的""大象的鼻子长长的"等等，让孩子对动物园里的动物的特点有个简单的了解，之后去动物园的时候，孩子就会去寻找动物身上相关的特点。平时去朋友家做客的时候，也可以事先将朋友家有特点的东西事先提示给孩子，如："王叔叔家养了一只猫，不知道它喜欢不喜欢和你玩。"孩子没等去王叔叔家，就会对他家的小猫很好奇，到了他家便会认真地观察这只小猫。

尊重孩子的"独特视角"

6 岁前的孩子，大多数要经历一个观察的敏感期，这个阶段，孩子关注的往往是那些被成年人所忽视的微小事物。如成年人看一个人会看这个人的整体，如脸庞、服装等，可是孩子有可能被这个人身上的纽扣所吸引，或者目光紧紧盯在这个人的围巾边的绣花上。当孩子很投入地去观察这些事物时，家长不应该去打扰，更不应该给予否定和责怪。如果想让他观察得更多，应该在给予他认可之后再去引导他将注意力转移到其他事物上。

鼓励孩子调动多种感官来感受事物

人们所获得的信息大部分是通过视觉、听觉输入大脑的，当然还有嗅觉和味觉的功劳。因此，要走出观察只是用眼睛来看的误区。如果想要让孩子全面地感受事物，不仅要看，还要引导孩子去听、去闻、去触摸，多思考，促使听觉、视觉、触觉协同活动，提高大脑的综合分析能力，使观察更为全面和准确。如一个孩子看到其他小朋友家的一盆花，很可能会说这花开得比我家的大——他只从整体上看到了大小的不同。

这时候我们可以进一步引导他："闻闻花的味道一样吗？摸摸花瓣和叶子，看看和家里的有什么不同呢？……"在这样的引导下，孩子才会意识到这是两种完全不一样的花，花开的大小只是不同的一个方面而已。

教会孩子观察的方法

在孩子观察的时候，我们还可以教给他们一些具体的观察方法。比如：引导孩子先看什么、后看什么，根据不同的事物，由远到近，由简单到复杂，由局部到整体，有顺序、有步骤、有系统地观察。还要提醒孩子抓住事物的特征，学会比较事物之间的区别和联系。从对某一类事物观察升级到对几类事物之间的观察，循序渐进，慢慢可以提高孩子的观察能力。

给大家个提示，一般而言，4~5岁的孩子已经有了一定的观察基础，为了培养他们的观察兴趣，可以给他们购置一个放大镜来增添观察的乐趣。当他们看到日常生活中司空见惯的事物在放大镜下面会显示出另一番景象时，他们的观察欲望一定会得到极大的激发。

好奇心：是孩子不断学习与探索的原动力

爱玩好动、对新鲜事物充满好奇心是每个孩子的天性，是一个孩子不断学习与探索的原动力，可以说，几乎没有什么比扼杀孩子的天性更残酷的事了。

没错，好奇心真的是一种神奇的能力，小孩总是满怀好奇，对这世界的一切好奇，而随着年龄的增长，他的好奇心就会越来越少，甚至不见了。

我家孩子 3 岁时，在喝水的时候不小心将水洒在了玻璃茶几面上，他发现水痕映出来漂亮的颜色，比以前黑黑的茶几台面漂亮多了，他便用手涂抹起这些水来，随着水痕的增大，水痕反射的颜色开始增多……

在有些妈妈眼中，孩子此时正在干着破坏的勾当，不但不讲卫生，还用手在茶几上玩水，简直不像话！于是可能会大声训斥孩子，甚至强行把孩子从茶几边拉过来，可能还会把孩子弄得哇哇大哭。

而聪明的妈妈会过去问问孩子在干什么，不会以成年人的眼光去看待孩子，当明白孩子有了新发现而在不断探索的时候，可能还会帮孩子往茶几上倒更多的水来让他观察，并且告诉孩子反射的道理，之后再让孩子自己擦干桌子。

这就是两类家长对待孩子好奇心不同的区别。第一类家长在扼杀孩子的好奇心，连同他的求知欲望也一同扼杀了；第二类家长小心地呵护了孩子的好奇心，让孩子明白了更多的知识。试问：这两类家长培养出来的孩子未来能一样吗？

好奇心就是人们希望自己能知道或了解更多事物的不满足心态。一个人能得以不断地成长，很大原因是有好奇心的存在。好奇心是知识的萌芽。那些杰出的科学家、艺术家或者其他领域的杰出人物几乎都是好奇心很重的大孩子、老顽童。好奇无疑是成功的重要特质之一。

　　苏联大教育家苏霍姆林斯基在谈到好奇心的时候曾说："人的内心里有一种根深蒂固的需要——总想感到自己是发现者、研究者、探寻者。"可以说，好奇心是人的天性。3岁之后的孩子，对周围的事物都会有浓厚的兴趣，好奇心很强，总爱问"为什么"。作为家长，你是否满足和保护了孩子的好奇心？当孩子的问题多了以后，你有没有不耐烦或是冷漠地对待孩子的好问？当孩子为了搞清楚洋娃娃为什么会说话而把它"大卸八块"之后，你是否责怪甚至打骂孩子？

　　好奇心越强的孩子，其求知的欲望也越强烈。但是如果好奇心仅仅停留于好奇，没有及时供给好奇心以"养料"，缺乏认识的乐趣，那么孩子的求知兴趣就会熄灭。聪明的家长应该及时利用宝宝的好奇心，让宝宝的好奇心再进一步转换成学习与探索的动力。具体来说，家长可以注意以下几点：

做孩子积极探索的榜样

如果家长本身青年的朝气已消失，前进不已的好奇也已经衰退了，那么生活就会失去色彩，对待周围的事物也会显得很冷淡，看待孩子的好奇心时，就不会有什么感觉甚至觉得很多余。这样的情况下，孩子的好奇天性就会在无形中受到压制。因此，让自己回归童心，去探索自己一直不知道的答案，做一个勇于进取、不断创造新生活的人，才能给孩子做好榜样，也才能去尊重孩子的好奇心的价值。

尽可能去满足孩子的好奇心

孩子对某些事物产生了兴趣时，一定要满足孩子的好奇心。比如：孩子对电视遥控器发生了兴趣，与其怕他弄坏将遥控器东躲西藏，不如手把手教他如何使用遥控器，满足他操作的好奇心，这样也便于孩子积累生活的经验。

不要以成年人的思维去约束孩子

当孩子问"那是什么""为什么"的时候，你也许认为是个很简单不过的事情，但是不要显出不耐烦的样子，也不要敷衍或者讥笑孩子。遇到孩子搞"破坏"的事情，千万要先问问孩子为什么，不要一厢情愿地认为孩子在故意捣乱，事实上，孩子的出发点一般都是好的。

让孩子按自己的方式玩耍

看到孩子非"常规"的玩耍，如把刚搭好的积木房子一下子推倒，你不要走过去告诉他所谓的"正确玩法"，也许孩子在听积木倒塌时候的声音，看看积木都朝着哪个方向倒去，你的好心"纠正"反而影响了孩子的探索和好奇心。孩子无论怎么玩都有他的道理，只要保证没有危险，就不要打扰和干涉他。

鼓励孩子动手尝试

孩子的操作始于对事物或现象的好奇。因此，有意识地鼓励孩子动手尝试，如："试试磁铁能吸到什么？""小汽车在不同斜面上的车速是一样的吗？"等等，使孩子对事物产生兴趣，从而引发操作欲望。当孩子操作时，也可以用"你发现了什么""你能想到这些，你真棒！"等鼓励话语，来激发孩子进一步操作的兴趣。

提醒家长朋友们，平时在家里可以陪孩子种植小植物、饲养小动物，做各种简单而有趣的小实验，以此来增强孩子的好奇心和满足孩子的求知愿望。在积极玩耍、主动探索的过程中，孩子可以观察到各种现象，不断发现各种问题并且积极思考。

第七章

断乳放行：把孩子的世界交还孩子

教育的最终目的，是培养出适应社会的孩子，也就是一个独立自主的孩子。总有一天，孩子会离开父母的怀抱，去寻找自己的一片天空。父母要学会放手，这样孩子才能学会独立，才能走出属于自己的一片天地。

太拥挤的爱，反而会让孩子选择逃离

对于爱的定义，不同的人有不同的定义，有的人认为爱是占有，有的人认为爱很卑微，有的人则将爱理解得很自私，还有的人把爱理解成强迫和控制……如果父母也对爱有如此理解，那对孩子而言则是一场灾难。

当初在看《隐秘的角落》时，朱朝阳妈妈周春红给他的爱，就很让人窒息。作为妈妈，周春红一心都扑在了儿子朱朝阳身上，她每次去上班，都会给孩子准备好饭菜，甚至为了让孩子吃到新鲜热乎的饭菜，她还想要换一个离家更近的公司来上班。如果说孩子还小，无法照顾自己，那么妈妈这样的行为可以理解。但是剧中的朱朝阳已经是一个初中生了，完全具备了照顾自己的能力。

如果说这仅仅是生活上的无微不至，那么在心理上密不透风的"关怀"才是让人感到压抑的重要原因。

朱朝阳是一个学习成绩特别优秀的孩子，但是他的人际交往能力却很差，在偌大的校园里没有一个朋友。当老师向周春红反映这个问题时，周春红给老师的答复是："我儿子不需要朋友。"

但朱朝阳真的不需要朋友吗？事实证明他很需要，否则他不会冒着危险收留两个前来投奔的小伙伴。他一边渴望着朋友，一边又害怕妈妈，他怕妈妈知道他交朋友的事情，只要妈妈回来了，就会将朋友藏起来。

周春红离异多年，面对同事的示好，她始终不敢有进一步的交往，因为她害怕会影响到儿子朱朝阳，所以她宁愿压抑着自己的情感和需求。

周春红对孩子的控制欲表现在各个地方。作为妈妈，我觉得她比张东升更让人害怕，她以爱的名义将孩子绑在自己身边，让孩子即便想要反抗，都无力反抗。因为对父母的无微不至的关怀说"不"，会被人说成是"不知好歹"的表现。

但亲子之间的爱，是唯一指向分离的爱。从人类生命系统的角度来看待亲子关系，我们的生命都是由不断的生命传承而维系的。每一个生命都要经历"诞生——被父母照顾成长——成年——谈恋爱——建立家庭——新生命诞生"这样的一个过程。我们养育孩子的目标也很明确，就是培养出孩子足够的能力，让孩子能够很好地照顾自己的一生。也就是说，我们最终的目的是让孩子能够很好地生活。

如果我们不懂得放手，在孩子学会走路后，依然将孩子抱在怀里，在孩子上学后，依旧不能让孩子去做力所能及的事情，在孩子结婚后，依旧无微不至地照顾着他的生活，那么孩子永远无法成为一个成年人。即便已经二三十岁了，在心理上他仍然是一个婴儿。更加可悲的是，孩子并不喜欢这样的自己，他们想要逃离这一切，却缺少足够的能力去逃离。

记得在一次亲子课堂上，一个20多岁的女孩儿和她母亲一起来参加。在课上，每个人都会交流一下感受。当轮到她时，我让她站到前面来谈感受，这个女孩儿下意识的反应竟然是询问自己的母亲："老师让我上去，我要不要上去？"

她妈妈回答说："没关系，上去吧，妈妈陪你一起上去。"

也许很多人会觉得夸张，都20岁了还要妈妈陪着上台，但现实中这样的例子很多。曾经我的工作室要招一个前台，在前来应聘的人中，有三四个应聘者都是父母陪着来的。这些人中不乏一些能力出色的，但是他们却是最早被淘汰的一批。因为一个到了 20 多岁还没有"断奶"的年轻人，我们无法相信他能够承担起工作责任。

疼爱自己的孩子，目的是让他们以后过得更好。但是，对孩子过度的溺爱和保护，会形成一种压力，就好比一棵小草一直生活在大树下，被树阴笼罩着，这样小草势必会长得羸弱。爱孩子容易，因为那是一种本能，但是要学会放手，却是一件相当难的事情，那相当于违背自己的本能去做一件事情，可这却是我们不得不这样做的事情。

从孩子生出来的那一刻起，我们就要做好与孩子分离的准备了。当我们不再将自己的全部视线聚焦在孩子身上时，才能给予孩子松弛有度的爱。

培养边界意识是中国式父母一生的修行

什么是边界意识呢？我时常会在亲子课堂上提到这个话题。

所谓"边界意识"，就是"你是你，我是我，我们是不同的个体，即便关系再亲密，也有相互独立的部分。我们必须尊重对方独立部分的存在，不随意侵入"。

很多父母对这个观点不能认同，在他们的意识里，孩子是自己的，有些妈妈更是认为自己怀胎十月生下孩子，孩子就是自己的命，是不可分割的一部分。所以他们不允许孩子在自己面前有秘密，也不允许孩子不需要他们，他们会以自己的方式渗透到孩子人生的各个方面。

记得之前有一个综艺节目，主要呈现的是明星的亲子关系。其中有一个大龄男明星，先后谈的几段恋情都无疾而终，而始作俑者就是他的母亲。

儿子已经近40岁的年龄了，母亲还是会为了不让儿子做饭，背着锅碗瓢盆到北京陪儿子一起生活。怕儿子拍戏上火，母亲每天凌晨4点起来熬梨汤。无论是儿子的工作还是感情，她都要插上一脚。儿子作为演员，她不让儿子拍挨打的戏；作为大龄男青年，儿子的每一段恋情她都要从中指导一番，觉得人家姑娘不行，还会想着法劝儿子分手……

这就是典型的没有边界意识。任何人都不可能属于谁，更不是因为关系亲密，对方就能属于自己，这种想法是大错特错的。每个人都需要自我，每个人都需要隐私空间，每个人都需要心理边界。

从心理学上讲，孩子出生后，母亲确实是孩子唯一的人际关系，在这个阶段，孩子与母亲之间属于"共生关系"。这个时期的孩子，没有任何个人意识，不分边界，以为自己与母亲是一体的。但是这种关系的持续期非常短，大约孩子6个月后，就会从这种共生关系中分离出来，进入"分离与个性化阶段"，成为一个有自我的个体。等孩子3岁左右时，就已经初步具备了个性化的自我，具有独立的个性了，从这个时候开始，孩子就已经想要做自己了。只要父母适当引导，孩子就能成长为一个心智健全、有边界意识的人。

相反，如果父母引导不当，时常越过孩子的心理边界，强行进入到他们的领地，便会引起相应的心理应激，使孩子容易丧失安全感和信任感，激起内心的反击。一方面会表现为具有攻击性和不合群，另一方面会表现为自我否定、自闭悲观、性格孤僻，严重的甚至会出现厌世行为。这样的孩子即便已经到了可以照顾自己的年龄，心理依旧处于不成熟的状态，他们过度依赖父母的照顾，遇到事情只会顺从父母的意志，完全缺乏独自面对社会的能力。

而且，一个从小生活在没有边界意识的家庭中的孩子，长大后很有可能成为没有边界意识的父母，然后用这种错误的方式，继续影响着下一代人。所以，一个成熟的父母，应该有边界意识。

我家孩子大约五六年级的时候，放学回来跟我说，老师让写日记，所以需要买日记本。买日记本的时候，孩子挑了一个很普通的作文本作为日记本。很显然，在孩子心中，写日记仅仅是"交作业"，完全跟自己的心里倾诉挂不上钩。

于是，我又挑了一本带锁的日记本送给了他，并对他说："你渐渐长大了，会有很多话不再愿意跟爸爸妈妈说，有了这个日记本，你可以把你想说的话写在里面，这个是带锁的，很安全。"

孩子看了看日记本，又看了看我，问道："那你和爸爸会偷看吗？"

我想了想说："如果你上锁了，就等于在告诉我们'不可以看'，那我们就不会看。但如果你不上锁，我们可能会觉得你允许我们看，或者我们也会管不住自己的好奇心有时便会偷看。"

　　孩子听了，点了点头。后来有几次我在他的书桌上看到这本日记，都是上着锁的状态，我知道里面写满了孩子不愿意跟我们说的秘密。说实话，让一个十分关心孩子的母亲强忍住内心关怀的念头不去开启那本日记，真的是一件很难熬的事情。但同时我也知道，如果我违约了，将失去孩子对我的信任。最终理智打败了情感。

随着孩子的成长，我似乎一直没有经历过他的叛逆期。相比较朋友家的几个同龄的孩子，他们一回家就将自己关进房间里，一句多余的话都不愿意跟父母讲；而我的孩子回家以后还是那个话痨，学校里发生的事情总是事无巨细地讲给我们听，他的微信朋友圈也从来没有屏蔽过我们，我为此感到很欣慰。我们知道彼此之间有秘密，但是这并不妨碍我们成为彼此最亲密的人。

让孩子有一个独立的空间，才能让他拥有一颗自由的心灵，有自由的心灵就不会被狭隘的思想观念束缚，进而发展为强大的心灵。同时，给孩子一个自由成长的空间，也是尊重孩子的一种体现。一个被尊重的人，才能实现人格上的强大。

建立起亲子之间的边界感，真心付出但不越界，无私地爱孩子并尊重他们，相信并静等花开，这是中国式父母一生的修行，只有这样，孩子才能承载这世间最伟大的爱；也只有这样，父母才能成就更好的自己。

避免关系倒错，父母和孩子回到正确的位置

我曾经在地铁上见到过这样一幕：

妈妈轻松地坐在座位上刷手机，孩子坐在一旁紧张地看着行

李，不时地往里挪挪，怕被来往的行人踩到，在这个间隙中，还要打开保温杯的盖子，提醒旁边看手机的妈妈喝水。

相信看到这一幕的很多人，都会说："这个孩子太懂事了，好羡慕这个妈妈呀！"

但是我却十分心疼这个孩子，因为太懂事的孩子一定是承受了他们这个年纪所不能承受之重。我们前面一直在强调父母要放手，要给孩子成长的空间，但是放手并不意味不管，更不意味着让孩子去承担他们这个年龄不该承受的责任，甚至承担起照顾父母、照顾整个家庭的重担。

在心理学上，这种亲子关系，是父母与孩子之间出现了亲子角色错位，孩子成为"父亲"或"母亲"，承担起照顾父母的责任，而父母反过来成为需要子女照顾的"孩子"。这种情况大致可分为两种关系：一种是"工具性质"的，即孩子要帮父母分担家庭职能，比如：照顾家人、做家务、赚钱养家等；另一种是"情感性质"的，即孩子承担起家庭情感上的支持责任，满足父母的情感需求，而自己的情感只能自行消化。

电视剧《乔家的儿女》就属于第一种亲子关系的倒错现象。在母亲去世后，乔家的大儿子乔一成便承担起了照顾弟弟妹妹的责任，给弟弟妹妹做饭，监管着他们的学习，还要管着这个家里的吃穿用度。妹妹受了欺负，他要挺身而出为妹妹讨回公道。而一旁的父亲，自始至终都像是住在同一个屋檐下的局外人。

但乔一成终归是一个孩子，在充当"父母"的这个过程中，他将自己内心的需求和渴望都压抑在内心的角落里，终其一生他都无法卸下原生家庭这个重担。

另一部电视剧《以家人之名》则诠释了第二种亲子关系倒错的现象。主人公凌霄的妈妈陈婷因为出去打牌将儿女反锁在家中，导致幼女因为吃核桃卡住了嗓子没能得到及时的救助而死亡，陈婷便将一切罪过都推到了年幼的儿子身上。她时常当着儿子的面诉说自己心里的委屈和痛苦，却不允许儿子思念妹妹，就连妹妹的照片也不准留下。

陈婷心情不好的时候，就冲着凌霄发脾气，而凌霄只能默默忍受这一切，事后还要乖巧地表示妈妈对他很好。在长期的压抑之下，凌霄最终患上了十分严重的心理疾病。

父母内心的苦闷向孩子宣泄，不得已的苦恼找孩子倾诉，这些行为看似问题不大，但是在关系倒错的关系下成长起来的孩子，几乎没有一个有好结局。

孩子对父母的爱要远远超出父母的想象，当父母将自己的苦恼转嫁到孩子身上时，出于爱的本能，孩子只会努力去化解父母的苦恼。在这个过程中，孩子成了大人，大人成了孩子。可是孩子终究是孩子，他们没有能量去化解父母的苦恼，只能跟着父母一起苦恼。甚至为了减轻父母的苦恼，他们还要佯装出很轻松的样子。

记得之前看到一个案例，一个小女孩儿和妈妈遭遇了车祸，在医院急救的时候，医生要将小女孩儿身体里的玻璃碎片夹出来，孩子几乎是立刻就哭了出来。这时，她听到了隔壁床传来妈妈的痛苦的哭声，眼泪立刻就止住了，还要安慰妈妈说："妈妈别哭，一点儿都不疼，你看我都没哭。"为了安慰妈妈，孩子做了一整夜的手术，没有掉一滴眼泪。

大人以为这样的孩子是"乖"，是"懂事"，实际上孩子的痛苦只有他们自己知道，而且还消化不了。这些在童年时就造成的"创伤"，孩子可能需要用一生的时间去治愈。

如果真的爱孩子，就不要致力于将孩子培养成过分懂事的样子。如果想让孩子在健康的关系里成长，就不能让家庭中的三角关系倾斜。在健康的家庭关系距离下，父母不会在孩子面前表现出"孩子气"的一面，孩子也不必像个大人一样过分成熟。

允许孩子自由而有分寸地探索世界

刚出生几个月的孩子就会津津有味地吮吸手指头；一两岁的时候，孩子开始探索别人的情绪，他通常会把一个东西故意扔地上，然后饶有兴致地看着大人会有什么反应；孩子到了三四岁后，会在玩耍中探索生命、家庭关系等深层次的问题……可以说，孩子从一出生就具备探索的天赋。

正是通过这些不断地探索和尝试，孩子才能获得生活的体验，获得成功的体验。这是孩子的一种本能的"需要"，这种"需要"使得孩子总会竭尽所能、集中精力地去探索新事物。当他们实现了预定目标的时候，他们就会感受到一种巨大的欢乐和成就感。即使是很小的孩子，也有追求自我实现的需求。可是生活中，很多父母出于保护孩子的目的，却剥夺了孩子探索和尝试的权利。

我有一个朋友，就属于这种"过度保护"型的妈妈。

朋友属于大龄生子，对于这个来之不易的孩子，她生怕出一点点差错，所以从孩子出生后便辞掉了工作，全心全意在家里带起了孩子。

因为怕孩子被蚊子咬，所以到了夏天的夜晚，他们几乎不出门。有几次我叫她带着孩子出来玩儿，都被她以各种借口推脱了，后来我才知道，她是怕孩子被蚊子咬到，因为蚊子会传播病菌，但是又不敢给孩子用驱蚊产品，觉得全是化学制剂，对孩子健康不利。

有一次在儿童堡，孩子被其他小朋友挠伤了脸，她便再也不愿意去那个儿童堡了，认为那里的小朋友素质不高，喜欢出手伤人，并且之后在儿童堡里，对孩子几乎寸步不离，孩子走到哪她走到哪，就像是孩子的贴身护卫。

她们家所有的家具边边角角都被贴上了防撞条，所有的床铺都安装了防护栏，地上从来不允许有一丝脏东西，因为怕孩子捡起来吃掉。

孩子稍微大一点儿时，出门从来不让孩子跑，因为跑太快会摔倒；也不让孩子进草坪，因为草坪里会有不知名的虫子；更不会让孩子爬高上梯，因为危险系数太大了。

现在孩子已经上小学了。孩子刚上小学那几天，几乎天天回来哭鼻子。因为在整个校园里，他是唯一一个不会自己吃肉吐骨头、不会打扫教室、体育课跑步跑得最慢的孩子。校园生活处处受阻，孩子的自尊心实在无法承受了。

孩子埋怨妈妈总是不允许他做这个干那个，朋友感到十分委屈，她觉得自己所做的一切都是在为孩子的安全和健康考虑，怎么就错了呢？朋友自认为"保护"是对孩子的爱，但实际上保护过了头，就成为一种伤害，孩子失去了主动尝试的机会，同时也就失去了主动做事的积极性。孩子的胆识和知识，都是靠着在生活中不断的"摸索"建立起来的，如果父母硬生生地阻断了孩子的探索，那么就相当于切断了他们认识环境的途径。一个对外界缺乏了解和认知的孩子，自然就会变得越来越胆怯，无论做什么事情都没有勇气去尝试了。

孩子小的时候，尚可以在父母的羽翼下生存，但是孩子长大以后呢？这个世界终究还是要孩子自己去闯荡的，闯荡世界没有点探索精神又怎么能行呢？一位儿童心理学家说："人应该有探索，有追求。"我的另一个朋友，就深谙这一点，从来不会阻止孩子探索世界，还会跟着孩子一起去探索。

朋友的孩子是一个小女孩儿，却拥有着比男孩子还强的动手能力和胆识。大约4岁多的时候，孩子突然迷恋上了虫子，什么头上长角的，还是地上爬着的，孩子都十分感兴趣。当孩子第一次将一只大天牛捉回家养着时，朋友着实吓了一跳。但是她并没有勒令孩子将天牛扔出去，而是跟孩子一起在网上查阅天牛的资料：天牛喜欢吃什么？会不会伤害人类？等。

有了第一次，孩子往家带回的"小动物"就更多了，今天是一只蜗牛，明天是一只蝉。有一次我去她家，还看到她家养了一条小蛇。朋友很怕蛇，从来不敢靠近养蛇的保温箱，但是却从来没有反对过孩子养蛇这件事。

有了朋友的支持，她家女儿小小年纪就跟一个动植物学家一样，只要是说起这方面的知识来，她就能滔滔不绝讲上很久，同学们都说她以后会成为像法布尔一样对动物痴迷的专家。

孩子在成长过程中，要探索陌生的世界，要学会很多原本不会的东西，更要战胜无数的困难；而能够支持他们不断前进的，是家长的肯定和鼓励。肯定和鼓励能增强孩子的自信，激励孩子不断尝试，勇敢面对困难和挫折。

如果担心孩子的安全，那我们就在孩子探索之前，将规矩定好。用规则充分保证孩子的安全后，我们就要学会放手，做一个爱的守望者和支持者，一边给孩子最好的守护，一边陪着孩子一起开启探索世界的奇妙之旅。

在规则之内，不管孩子遇到什么事情，都放心让他们自己去选择和决策，孩子做错了也没有关系，相对于成功，有意义的失败对孩子而言才是最有价值的。每个人都希望自己是一个发现者、研究者和探索者，只有在不断的探索中，孩子才能一点点茁壮地成长起来。

孩子不是父母梦想的延续，而是宝贵的自己

在我接触过的父母中，几乎没有一个人不希望自己的孩子成才，包括我自己在内，也是"望子成龙，望女成凤"的家长。但有一些家长在这条道路上走上了极端，不考虑孩子的实际天赋，不考虑孩子的兴趣爱好，一厢情愿地下血本培养，指望孩子长大以后能出人头地，成为科学家、企业家、舞蹈家、运动员……

孩子成为父母延续梦想的机器，父母通过孩子来圆自己未完成的梦想，弥补当初的遗憾，将自己曾经的挫折、失败，形成一个巨大的寄托放在孩子身上，却没有考虑过孩子是否能够承受这个寄托。如果给孩子的压力太大，孩子则很容易在人生道路上走偏。

我家的孩子有一个好朋友（我们在此叫他"小 A"吧），他十分喜欢画画。学校开设绘画兴趣班的时候，大家都以为他会报

名绘画班，结果他却去了编程班。

　　一次小 A 来我家，在聊起这件事时，我听到小 A 说："我对编程一点儿也不感兴趣，是我爸爸觉得编程好，说以后学好了能当程序员，可以挣大钱。他觉得学画画没出息，以后肯定找不到工作，所以没有经过我允许就给我报了编程班。"

　　后来我家孩子回来再提到小 A 时，总是一脸的同情，因为小 A 在编程班表现不好，作品也不够出色，所以总是被老师忽略。我家孩子还说他每次经过绘画班时，都是一脸向往的神情。我家孩子孩子很想不通，为什么小 A 的父母一定要干涉小 A 的爱好呢？

这世界上存在很多种父母，有的父母自己不会飞，却强迫自己的孩子必须学会飞；而有的父母不会飞，但会选择尊重孩子的意愿，如果孩子愿意飞，他们会努力托起孩子的身体，如果孩子不愿意飞，那么他们会陪着孩子慢慢走。因为他们知道，自己的愿望不见得就是孩子的愿望，如果把自己的愿望强加给孩子，就如同给不饿的孩子强制喂食，让不渴的孩子强制喝水，只会引起孩子的痛苦和反感。

假如我们真的关心孩子的未来，就不要把自己的愿望强加给孩子。对孩子的兴趣爱好，只要不是原则问题，就不要干预过多，最好是顺其发展，并留意视察其天赋，然后因势利导，促进其发展。

我的一个高中同学，他当时在班里的成绩并不算特别突出，但是他做事情很有韧性，凡事都愿意去尝试。他父亲本想让他学医，所以在高中文理分科时，他选择了理科。但最后在报考大学时，他却爱上了摄影，想要选择摄影这个专业，并且打算申请国外的大学。

当时我们所有人都觉得父母肯定不会同意他的选择，结果他很顺利地被国外一所大学录取了。在最后一次同学聚会上，我们问他，学了这么多年理科后跑去学摄影，万一最后不想学了怎么办？

他说："我爸说万一学不下去，就转个专业，他们会一直支持我。"

后来这位同学开了自己的工作室，在摄影这条道路上发展得很好。有一次一个作品获奖了，邀请我们一起去参观在那里，我们竟然还碰到了他的父母。他父母非常认真地站在他的作品前，跟他一起讨论对这部作品的理解。

随着孩子一天天长大，他们会逐渐形成独立的意识，并拥有独立的权利。如果孩子被限制在父母为他们设计好的框子里，那他们就失去了选择自己的兴趣、爱好和前途的权利。一个独立的人，却无法选择自己的人生，那他的一生都将在迷茫与痛苦中度过。

每个孩子的命运应该由他们自己来主宰。身为父母，我们可以根据孩子的具体情况和兴趣，向孩子提出建议，引导孩子找到自己努力的方向，但千万不要让孩子成为父母自己梦想的延续。